CW01637265

GUIAS DE

PARIS

OND POINT DE
AMPS ÉLYSÉES
AV. DES CHAMPS-ELYSÉES
AV. GABRIEL
AV. DE MARIGNY
AV. DE SELVES
AV. DU GÉNÉRAL-EISENHOWER
AV. DU GÉNÉRAL-EISENHOWER
PL. CLEMENCEAU
AV. DES CHAMPS-ELYSÉE
AV. FRANKLIN-D.-ROOSEVELT
AV. FRANKLIN-D.-ROOSEVELT
AV. WINSTON-CHURCHILL
AV. WINSTON-CHURCHILL
AV. CHARLES-GIRAULT
AV. DUTUIT
AV. DUTUIT
COURS LA REINE
COURS LA REIN
DU
NADA
PORT DES CHAMPS-ÉLYSÉES
PORT DES CHAMPS-ÉLYSÉES
PONT DES INVA
EXANDRE III

GUIAS DE CIUDADES EN 3-D

PARIS

LA NUEVA GUIA-CALLEJERO CON PLANOS EN TRES DIMENSIONES

Escrita por Vivienne Menkes-Ivry
Diseño de los planos: Richard David Creative

Hermann Blume Ediciones

Primera edición inglesa: 1992
Duncan Petersen Publishing Ltd

Editado y diseñado por Duncan Petersen Publishing Ltd
54, Milson Road, London W14 0LB

Editorial
Editor: Andrew Duncan
Editor ayudante: Kate Macdonald
Indice: Rosemary Dawe

Diseño
Director artístico: Mel Petersen
Diseñadores: Chris Foley y Beverley Stewart

Mazarredo, 4, 5.º B. Tel. 266 71 48. Fax 265 31 48. 28005 Madrid
Primera edición española, 1992

ISBN: 84-87756-14-X
Impreso por Mateu Cromo

IMPRESO EN ESPAÑA - PRINTED IN SPAIN

AGRADECIMIENTOS

En la recopilación de la información, la autora se dejó aconsejar por los siguientes libros y publicaciones:

A Paris (Guides Hachette Visa); Geoffrey Brereton, *A Short History of French Literature* (Penguin); *Guide de Paris mystérieux* (Tchou); *Guide des Parcs et Jardins de Paris* (Horay): *Le Guide du Routard Paris* (Hachette); J. Hillairet, *Connaissance du Vieux-Paris,* 3 vols. (Gonthier/ Editions de Minuit); *Lever de Rideau* (catálogo de exhibiciones de teatro de la Bibliothèque Fornay, Paris); Ian Littewood, *Paris; A Literary Companion* (John Murray); Vivienne Menkes-Ivry, *Paris* (Helm French Regional Guides); Ian Nairn, *Nairn's Paris* (Penguin); *Paris* Guide Vert (Michelin); Georges Poisson. *Guide des Statues de Paris* (Hazan); Ian Robertson, *Blue Guide, Paris and Environs* (A. & C. Black/W.W. Norton).

Fotografía aérea: Institut Géographique National, París.
Planos creados por Richard David Creative, 77, Leonard Street, London EC2A 4QS

R. DU CLOÎTRE-NOTRE-DAME
R. MASSILLON
R. DES CHANTRES
QUAI AUX FLEURS
SQ. JEAN XXIII
PORT DE MON
AME
BERT

Contenido

Sobre este libro

La elaboración de los planos

Los planos isométricos se elaboraron a partir de fotografías aéreas. Las de este libro proceden de los archivos del Institut Géographique National.

Se hicieron muchas ampliaciones de los negativos que Richard David Creative, un grupo de dibujantes técnicos de Londres (dirección en página 5), utilizaron luego para crear los mapas. Un equipo de siete personas ha tardado, trabajando con pluma y tinta, más de 1.000 horas en terminar la tarea.

Proyección ''isométrica'' significa que las verticales tienen la misma altura, tanto en el primer plano como en el fondo —en ''la parte delantera'' (al pie) de la página como en ''la parte trasera'' (cabeza) de la misma. Así se evita el efecto menguante de la perspectiva y todos los edificios, tanto cercanos como alejados, aparecen con la misma fidelidad y su altura apropiada.

El orden de los planos

Los recuadros de los planos forman una secuencia que va de norte a sur y de oeste a este. Para más detalles, véase el mapa índice en págs. 10-11.

Numeración de los planos

Cada número que aparece en un plano hace referencia al texto impreso a la derecha del mapa. En general, la numeración comienza en la esquina superior izquierda de cada plano y termina en la esquina inferior derecha, siguiendo la dirección oeste-este. Este esquema, sin embargo, se rompe si varios puntos de interés están juntos o dentro de una calle.

Horarios

Si un museo o una exposición permanecen abiertos durante el horario laboral normal, en el texto de los planos no se mencionan sus horas de apertura y cierre. Se da la información necesaria si los horarios no son los usuales. En el caso de edificios históricos u otros edificios interesantes puede suponer que no los podrá visitar si no se indica el horario de visita.

Precios

Restaurantes

F significa que una persona puede tomar un menú de tres platos por menos de 120 francos.

FF significa que una persona puede tomar un menú de tres platos por menos de 250 francos.

FFF significa que una persona puede comer por menos de 350 francos.

FFFF	significa que una persona normalmente pagará más de 350 francos.

No se incluyen vinos.

Hoteles

F	significa que una habitación doble sin desayuno cuesta menos de 175 francos por persona.
FF	significa que el mismo tipo de habitación cuesta menos de 300 francos por persona.
FFF	significa que el mismo tipo de habitación cuesta menos de 500 francos por persona.
FFFF	significa que el mismo tipo de habitación cuesta más de 500 francos por persona.

Cobertura

Ningún libro puede contener todo lo que puede ser de interés en París. Este libro está centrado en aspectos de la ciudad que se basan en los planos especiales, poniendo énfasis en la información histórica o general que explica la estructura, la evolución y el funcionamiento de la ciudad. También se ha querido destacar lo excepcional y peculiar, a veces a costa de lo obvio y conocido, pero siempre convencidos de que ésta es la mejor manera de descubrir el carácter esencial de una ciudad. Y además encontrará mucha información acerca de dónde comer, tomar una copa, hacer compras y otros asuntos prácticos.

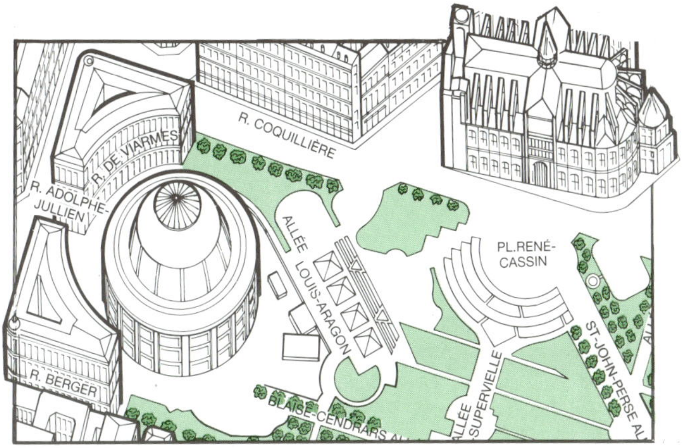

Mapa índice

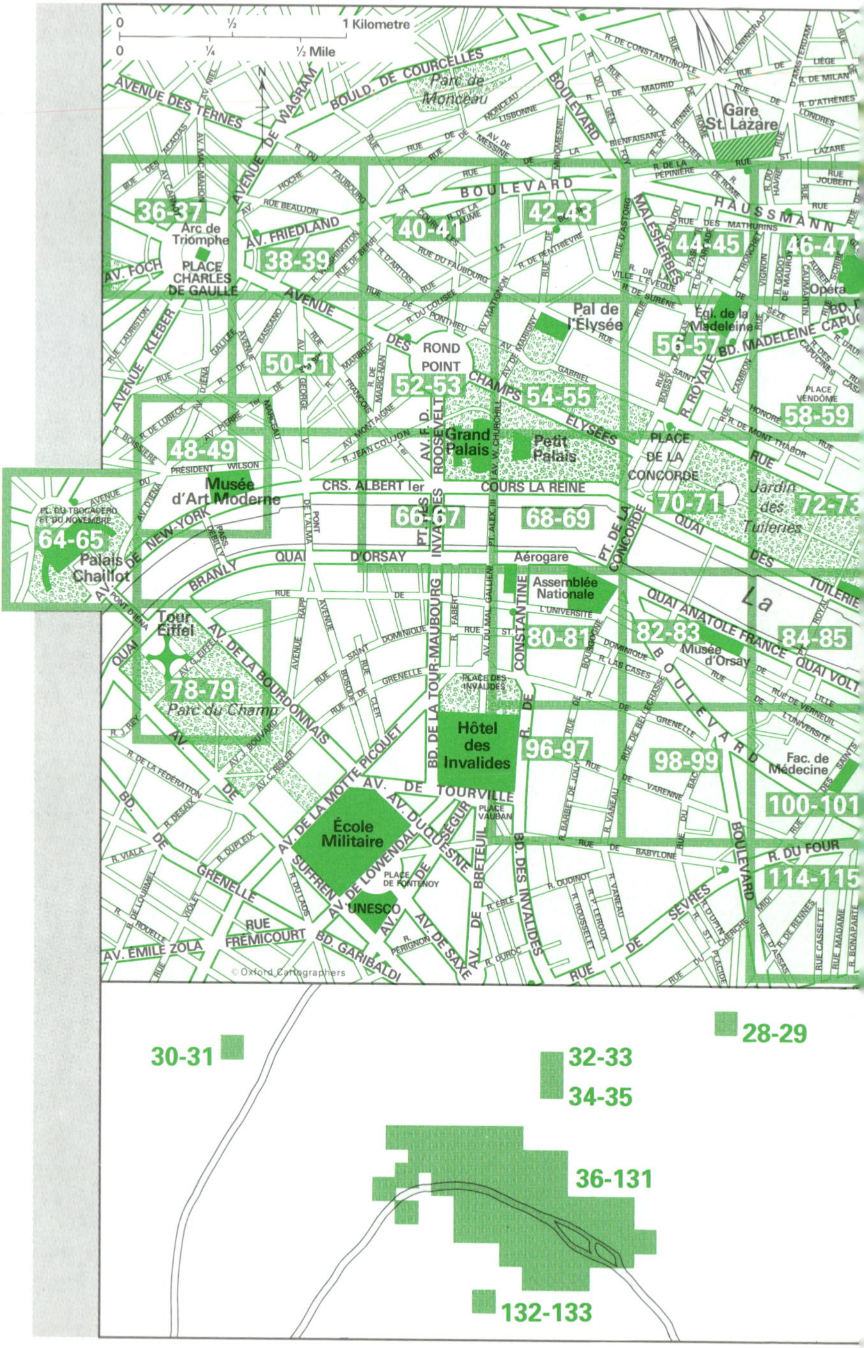

0 ½ 1 Kilometre
0 ¼ ½ Mile
36-37
38-39
40-41
42-43
44-45
46-47
48-49
50-51
52-53
54-55
56-57
58-59
64-65
66-67
68-69
70-71
72-73
78-79
80-81
82-83
84-85
96-97
98-99
100-101
114-115
Parc de Monceau
Gare St. Lazare
Arc de Triomphe
PLACE CHARLES DE GAULLE
Opéra
Pal de l'Élysée
Égl. de la Madeleine
ROND POINT
PLACE VENDÔME
Grand Palais
Petit Palais
PLACE DE LA CONCORDE
Musée d'Art Moderne
Jardin des Tuileries
Palais Chaillot
Aérogare
Assemblée Nationale
Tour Eiffel
Musée d'Orsay
Parc du Champ
Hôtel des Invalides
Fac. de Médecine
École Militaire
UNESCO
AVENUE DES TERNES
AVENUE DE WAGRAM
BOULD. DE COURCELLES
AV. FRIEDLAND
AV. FOCH
AVENUE KLEBER
CHAMPS ELYSÉES
CRS. ALBERT 1er
COURS LA REINE
QUAI D'ORSAY
QUAI ANATOLE FRANCE
AV. DE LA BOURDONNAIS
AV. DE LA MOTTE PICQUET
BD. DE LA TOUR-MAUBOURG
AV. DE TOURVILLE
BD. DES INVALIDES
AV. EMILE ZOLA
BD. GARIBALDI
© Oxford Cartographers
30-31
28-29
32-33
34-35
36-131
132-133

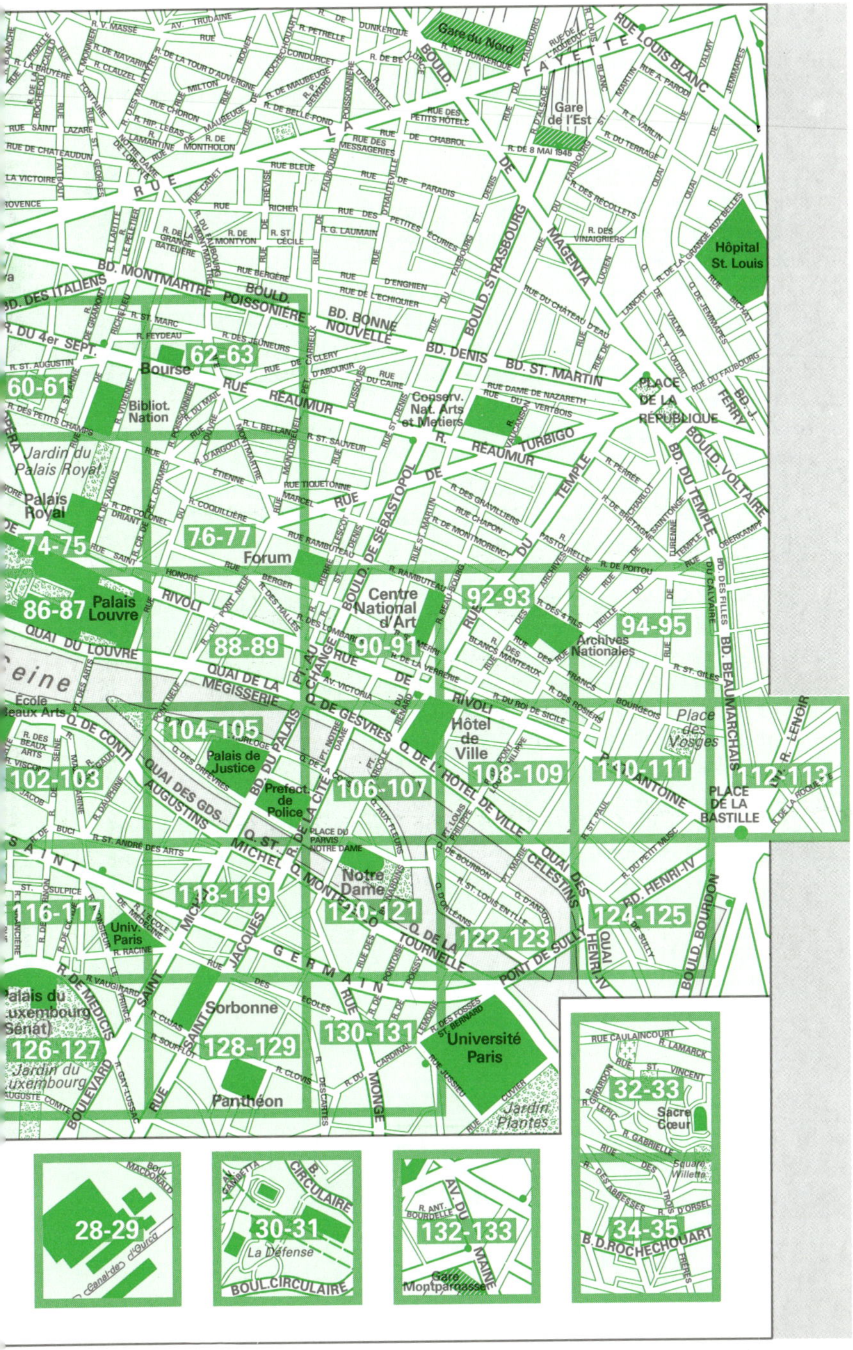
Gare du Nord
Gare de l'Est
Hôpital St. Louis
Bourse
Bibliot. Nation
Jardin du Palais Royal
Palais Royal
Forum
Palais Louvre
Centre National d'Art
Archives Nationales
Conserv. Nat. Arts et Metiers
Place de la République
Palais de Justice
Prefect. de Police
Notre Dame
Hôtel de Ville
Place des Vosges
Place de la Bastille
Univ. Paris
Sorbonne
Panthéon
Université Paris
Jardin Plantes
Palais du Luxembourg (Sénat)
Jardin du Luxembourg
Sacre Coeur
La Défense
Gare Montparnasse
60-61
62-63
74-75
76-77
86-87
88-89
90-91
92-93
94-95
102-103
104-105
106-107
108-109
110-111
112-113
116-117
118-119
120-121
122-123
124-125
126-127
128-129
130-131
28-29
30-31
132-133
32-33
34-35

Transportes

De los aeropuertos a la ciudad

Los viajeros que tengan que ir al centro de París desde el aeropuerto Charles-de-Gaulle (CDG) (los parisinos invariablemente lo llaman Roissy, el nombre del pueblo más cercano) pueden elegir entre el autobús de Air France, utilizar el servicio de autobús continuo y gratuito y el Metro rápido RER o hacer todo el recorrido en autobuses normales.

Los autobuses de Air France circulan entre las 5,45 y las 23,00 horas todos los días, saliendo cada 20 minutos del terminal CDG1 hacia la avenida Mac-Mahon (cerca de place Charles-de-Gaulle/Etoile) y el air-terminal en place de la Porte-Maillot; cada 15 minutos desde los terminales CDG2A, 2B y 2D hacia la Porte-Maillot y la avenida Carnot, también cerca de place Charles-de-Gaulle/Etoile. Desde estos puntos de llegada puede viajar a su hotel en Metro, en RER (una especie de Metro "exprés"), en autobuses normales o en taxi. El viaje dura por lo menos 35 minutos y puede llegar a una hora en horas punta, sobre todo los viernes por la tarde.

El servicio de autobús continuo y gratuito ofrece salidas con intervalos frecuentes desde los cuatro terminales hacia la estación de ferrocarril de Roissy donde puede tomar el RER hasta Gare du Nord, Châtelet-Les-Halles y otras estaciones de la línea B, que comunican con el Metro normal; este método no se puede recomendar a personas con mucho equipaje. La línea de autobús No. 350 va desde el aeropuerto al Gare de l'Est, todos los días entre las 7,00 y alrededor de las 24,30 horas; el No. 351 a place de la Nation a diario entre las 7,00 y alrededor de las 20,30. En taxi, los 25 kms. hasta el centro de París suelen costar unos 200 francos.

También desde el aeropuerto de Orly se ha de elegir entre el autobús de Air France, servicio de autobús continuo y gratuito más RER y autobuses normales.

Los autobuses de Air France salen del terminal nacional de Orly-Ouest y del terminal internacional de Orly-Sud hacia el Gare Montparnasse y el Gare des Invalides cada 12 minutos entre las 5,50 y las 23,00 horas; los

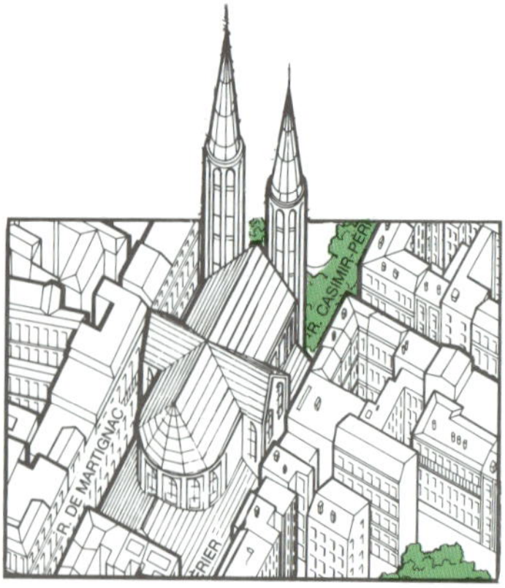

autobuses pararán, bajo requerimiento, en Porte d'Orleans y la estación de Metro de Duroc. El viaje entre Orly y Invalides dura al menos 30 minutos, en horas puntas más. Autobuses gratuitos, que llevan el letrero de Orly-Rail, salen de ambas terminales hacia la estación de Pont-de-Rungis/Aéroport d'Orly de la línea C2 del RER; los trenes circulan en intervalos de 15 minutos hasta el Gare d'Austerlitz, St-Michel-Notre-Dame, Musée d'Orsay y hasta Versailles; también puede conectar con el Metro normal, pero lo mejor es evitar este método si tiene mucho equipaje. Los autobuses normales, llamados Orlybus, salen cada 15 minutos (entre las 7,00 y las 12,30 horas) hacia la plaza Denfert-Rochereau. El viaje al centro de París en taxi, unos 16 kms., le costará unos 150 francos.

Geografía

París se divide en veinte distritos, conocidos como arrondissements. Estos se llaman le premier (escrito 1er), le deuxième (escrito 2e), le troisième (escrito 3e) y así sucesivamente. Si escribe a uno de los establecimientos mencionados en esta guía ha de utilizar el código postal de París (75) más uno o dos ceros y el número del distrito. Así que 2e se convierte en 75002 Paris; 15e, 75015 Paris.

Un complemento útil de esta guía podría ser un callejero con planos individuales para cada distrito; pregunte por el Plan de Paris para arrondissements en librerías, quioscos y algunos cafés.

Viajar por París

La RATP (Empresa de Transporte de París) tiene una red eficiente y completamente integrada de líneas de Metro, autobuses y cercanías que se dirigen hacia los barrios periféricos. Hay paneles interactivos con cuya ayuda puede encontrar el camino que le llevará más rápidamente a su destino, combinando todo tipo de medio de transportes. Introduzca las informaciones necesarias y recibirá instrucciones acerca de lo que tiene que hacer.

El Metro

El sistema de los trenes subterráneos de París, oficialmente llamado el Métropolitain pero universalmente conocido como el Metro, con razón es admirable. El servicio es rápido y frecuente (los trenes circulan con intervalos de 90 segundos durante gran parte del día); normalmente los trenes son limpios y cómodos; y la seguridad, que antes constituía un problema, ha mejorado mucho, también porque hay policías en las grandes estaciones de trasbordo. Está prohibido fumar dentro de las instalaciones del Metro. Comienza a funcionar sobre las 5,15 de la mañana (un poco más tarde en domingos) y cierra sobre las 1,15 de la noche. Oficialmente, las líneas llevan su correspondiente número, pero comúnmente se conocen por el nombre de sus estaciones terminales. Estos términos también se utilizan en las señales naranja que en cada estación de trasbordo indican la comunicación con otra línea (correspondance). El sistema se maneja con facilidad y en todas las estaciones del Metro y en las oficinas de turismo le darán planos en varios formatos. Como las estaciones están bastante juntas y solamente pocas tienen muchas escaleras, encontrará en el Metro un medio de transporte que se puede utilizar también para distancias cortas.

La red rápida

París cuenta también con un sistema de transporte rápido, el Réseau Express Régional (RER). Sus tres líneas, llamadas A, B y C, están plenamente integradas en la red del Metro, pero llegan hasta los barrios periféricos, donde transcurre por la superficie y a veces paralelo a los trenes de cercanías normales de la SNCF (compañía ferroviaria). Es una manera rápida de cruzar París, acceder a los aeropuertos y de llegar a las ciudades cercanas a París como Versailles o St-Germain-en-Laye. Los planos se obtienen también en las estaciones del Metro y las oficinas de turismo.

Autobuses

El hecho de que la mayoría de las rutas del centro de París dispongan de carril-bus, hace que los autobuses sean bastante rápidos con la salvedad de las horas punta de la tarde (de 6,00 a 8,00). Ofrecen una buena manera de ver París, con alguna ruta especialmente atractiva como la 24 que incluye la Madeleine, la place de la Concorde, el Louvre, el Pont-Neuf, Notre-Dame y el Barrio Latino. El Montmartre tiene su servicio propio, el Montmartrobus. Todos los autobuses tienen un horario de 7,00 a 20,30 horas, de lunes a sábado, pero los domingos solamente funcionan unas veinte líneas. Algunos de éstos también funcionan hasta las 00,30. A partir de esta hora, las líneas Noctambus, convenientemente señaladas con un búho, salen cada noche de la place du Châtelet entre las 1,30 y las 5,30 horas de cada noche. En las paradas se exponen planos de las rutas y en las estaciones del Metro y las

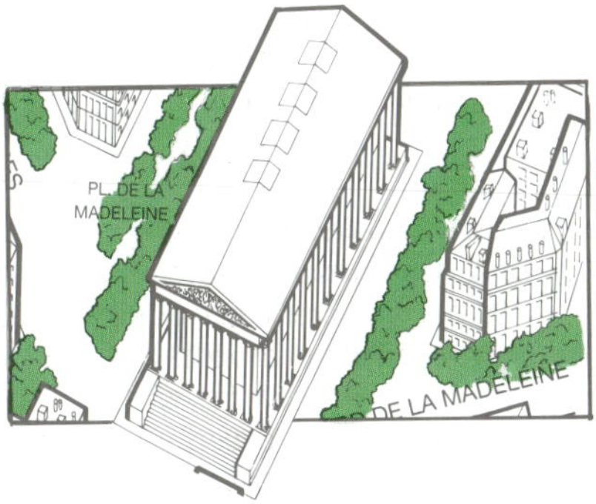

oficinas de turismo puede solicitar planos de la red de autobuses que incluyen listas de servicios nocturnos y en domingos.

Billetes

El sistema de billetes para los transportes públicos es poco complicado y las tarifas bastante módicas. El mismo billete amarillo se utiliza tanto para el Metro como para los autobuses. Lo más económico es comprarlos en tacos de diez (pregunte por un carnet), pero también se venden billetes sencillos. Los billetes se compran en las taquillas de las estaciones del Metro, en los estancos situados en los cafés que llevan el logotipo de RATP, o de máquinas expendedoras ubicadas en algunas estaciones y fuera de algunos monumentos importantes.

Con un billete puede viajar el tiempo que quiera por toda la red del Metro normal, haciendo tantos trasbordos como quiera. Viajes en autobús requieren uno, dos o a veces hasta cuatro billetes (en el PC o Petite Ceinture que da la vuelta a la ciudad o en algunas líneas que van a las afueras). En los planos de las rutas que se exponen en las paradas puede averiguar el número de billetes que necesitará. Viajes cortos con la RER dentro de la ciudad se pagan con los mismos billetes que se utilizan para el Metro y los autobuses. Si va fuera de la ciudad tiene que comprar su billete correspondiente en una máquina o en las taquillas. Todos los billetes han de ser validados en las máquinas de las estaciones del Metro o de los autobuses: los inspectores se presentan sin previo aviso y los que no dispongan de un billete debidamente validado pueden ser multados.

Billetes especiales y abonos

Son económicos los billetes turísticos (llamados Formule 1 para un solo día, o Paris Sésame para un cierto número de días consecutivos). Lo mismo se puede decir del abono Carte Orange (se necesita una fotografía tipo carnet) para el cual se compran cupones semanales o mensuales que cubren el correspondiente número de zonas.

Información sobre el transporte público

Para información sobre todos los servicios de la RATP puede llamar al (1) 43 46 14 14, todos los días entre las 6,00 y las 21,00 horas.

Taxis

Los taxis de París son coches normales cuyos conductores tienen unos conocimientos de la ciudad que oscilan entre excelentes y virtualmente inexistentes. En teoría se puede parar un taxi en la calle si su luz está encendida. En la práctica hay muy pocos taxistas dispuestos a parar en la calle y lo mejor que puede hacer es acercarse a una parada de taxis. En las paradas situadas en estaciones de ferrocarril le cobrarán un suplemento especial. Las tarifas son más caras entre las 19,30 y las 7,00 de la mañana y durante todo el domingo y días festivos, así como si viaja fuera de la ciudad. Es habitual dar una propina del 10 al 15 por 100. Solamente muy pocos conductores aceptarán que un pasajero se siente en el asiento delantero, lo cual limita la capacidad a tres personas por taxi; si admite una cuarta persona suele cobrar otro suplemento. También se pueden pedir taxis por teléfono: solicítelo en su hotel o busque en la guía telefónica el número de la parada más cercana. Los números actualizados (cambian con mucha frecuencia) de las paradas y de las compañías de taxi se encuentran también la mayoría de las semanas en el semanario Pariscope. Taxis sin licencia se ven con frecuencia fuera de estaciones de ferrocarril y monumentos importantes. Lo mejor es evitarlos ya que sus precios son elevados y a veces los conductores no están debidamente asegurados. Si la prisa le obliga a utilizar uno de ellos, fije siempre los precios antes de emprender el viaje.

Coches particulares

Conducir por París no se puede recomendar a personas que no conozcan la ciudad. Los parisinos no destacan por su cortesía frente a otros conductores y resultan especialmente agresivos si se trata de un sitio para aparcar. Aparcar cerca de museos u otros monumentos es casi imposible, las calles del centro son estrechas y no pocas veces la policía coloca cepos en las ruedas para inmovilizar coches mal estacionados. Si no puede prescindir del coche, pida en una oficina de turismo un plano de los aparcamientos de pago (normalmente subterráneos) y realice sus desplazamientos utilizando

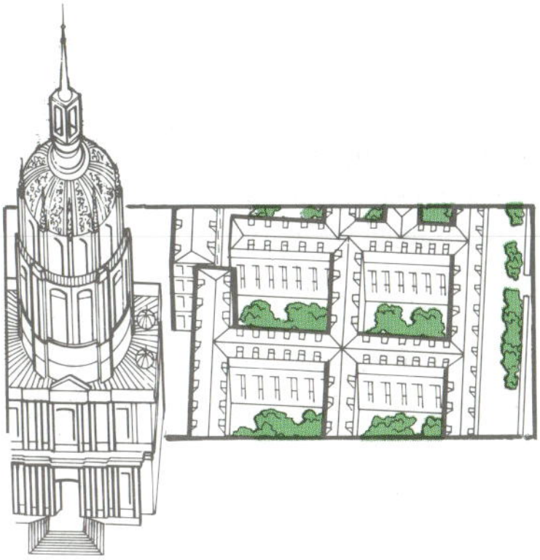

medios de transporte públicos, recurriendo a su coche solamente los domingos y para viajes fuera de París. Límites de velocidad en Francia: 60 km/h (o a veces 50 — fíjese en las señales) en zonas urbanas, 90 km/h en carreteras normales, 130 km/h en autopistas.

Datos útiles

Información turística

La oficina principal de turismo de París *(Office du Tourisme et des Congrès de Paris)* está en:

- 127 avenue des Champs-Elysées, 8e, tel: (1) 47 23 6172; abierto a diario entre las 9,00 y las 20,00 horas.

  También hay oficinas de información en:
- Gare du Nord, vestíbulo de llegadas internacionales: abierto de 1 de mayo a 31 octubre, lunes a sábado de 8,00 a 22,00 horas, los domingos de 13,00 a 20,00 horas; el resto del año solamente de lunes a sábado y de 8,00 a 20,00 horas.
- Gare de l'Est, vestíbulo de llegadas: abierto de 1 de mayo a 31 octubre, lunes a sábado de 8,00 a 22,00 horas; el resto del año de lunes a sábado y de 8,00 a 20,00 horas.
- Gare d'Austerlitz, vestíbulo de llegada de trenes de largo recorrido; abierto de 1 de mayo a 31 octubre, lunes a sábado de 8,00 a 22,00 horas; el resto del año de lunes a sábado y de 8,00 a 15,00 horas.
- Gare de Lyon, según se sale de la zona de largo recorrido; abierto de 1 de mayo a 31 octubre, lunes a sábado de 8,00 a 22,00 horas; el resto del año de lunes a sábado y de 8,00 a 20,00 horas.
- Torre Eiffel: solamente de mayo a septiembre, a diario entre las 11,00 y las 18,00 horas.

La oficina principal dispone de un gran número de folletos sobre monumentos y acontecimientos; también hace reservas de hotel (pequeño recargo) con unos días de antelación; las otras oficinas solamente hacen reservas para el mismo día. En Semana Santa y durante las semanas centrales del verano, tendrá que esperar durante algún tiempo hasta que le toque su turno en la oficina principal.

Podrá obtener información sobre diversiones, espectáculos y pruebas deportivas llamando al servicio *Sélection Loisirs:* en francés (1) 47 20 94 94; en inglés (1) 47 20 88 98; en alemán (1) 47 20 57 58.

Si se lo pide a la oficina principal, le mandarán una lista de todos los hoteles dados de alta en la oficina de turismo de París que también publica un calendario que indica las fechas en las que puede tener problemas para conseguir alojamiento (por ferias, conferencias y acontecimientos por el estilo).

Publicaciones

Paris dispone de dos "Guías del ocio" semanales, *Pariscope* y *L'Officiel des Spectacles,* que salen los miércoles y se venden en los quioscos. Muy valiosa es la información que brindan acerca de los horarios actuales de los museos, así como acerca de acontecimientos culturales, de tiempo libre o deportivos. La publicación mensual gratuita *Paris Sélection,* que encontrará en la mayoría de los hoteles, contiene acontecimientos y servicios pensados para el turismo.

Visitas organizadas

Circuitos en autobuses por París y alrededores los organizan:

- Cityrama, 4 place des Pyramides, 1er, tel: (1) 42 60 3014.
- Paris Vision, 214 rue de Rivoli, 1er, tel: (1) 42 60 30 01 o (1) 42 60 31 25. Las reservas pueden efectuarse tanto en las compañías como en su hotel.

La RATP también ofrece excursiones que abarcan la /Ile-de-France, la región vecina a París, utilizando autobuses de línea en lugar de autobuses de lujo. Las reservas se hacen en las dos oficinas de este servicio:

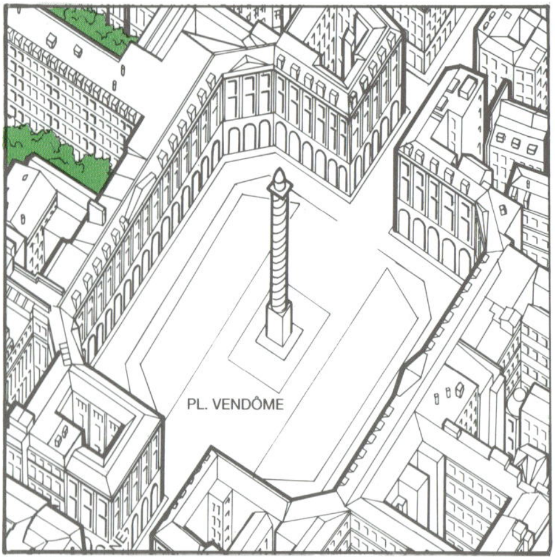

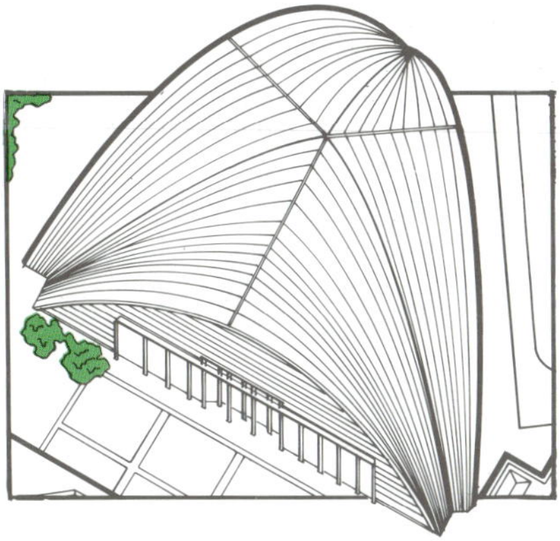

- Place de la Madeleine, 8e (en la parte este de la iglesia, al lado del mercado de flores).
- 53 quai des Grands-Augustins, 6e.

La Caisse nationale des Monuments historiques (Hôtel de Sully, 62 rue St-Antoine, 4e) organiza visitas culturales de los castillos y de otros edificio históricos situados cerca de París y también publica un *Bulletin des Musées & Monuments Historiques* cada dos meses, y un buen número de compañías privadas. Encontrará información más detallada en las dos ''Guías de ocio'', en los periódicos *Le Monde* y *Le Figaro.*

Excursiones en barco por el río Sena las ofrecen:

- Bateaux-Mouches (los barcos salen de la orilla derecha del Pont de l'Alma); tel: (1) 42 25 96 10.
- Bateaux Parisiens-Tour Eiffel (los barcos salen de la orilla izquierda del Pont d'Iéna); tel: (1) 47 05 50 00.
- Bateaux Vedettes du Pont-Neuf (los barcos salen de la plaza de du Vert-Galant, al lado de la Pont-Neuf); tel: (1) 46 33 98 38.
- Vedettes de Paris (los barcos salen de la Port de Suffren); tel: (1) 47 05 71 29 o (1) 45 50 23 79.

La mayoría de las compañías tienen cruceros con almuerzo o cena incluido; hay que reservar con antelación e ir correctamente vestido. Todos los barcos ofrecen comentarios en varios idiomas, algunas veces grabados y otras de viva voz.

También puede utilizar el Sena como vía de tráfico normal, utilizando el *Batobus:* una línea fluvial que sube y baja por el río cada media hora entre las 10,00 y las 19,00 horas (solamente durante la temporada turística). Tiene cinco embarcaderos: Torre Eiffel, el Musée d'Orsay, la Passerelle des Arts, Notre-Dame y el Hôtel de Ville).

Excursiones en barco por el canal de St-Martin al bassin de la Villette, a veces combinados con una corta incursión por el Sena, los organiza:

- Canauxrama: tel: (1) 42 39 15 00.
- Paris Canal: tel: (1) 42 40 96 97.

Es indispensable reservar por adelantado ya que los barcos son bastante pequeños. El crucero es de aproximadamente 3 horas; por la noche también hay barcos con música de jazz.

Cruceros por el canal de l'Ourcq que le llevan a sitios como la casa de Monet en Giverny en la Normandía con:

- Quiztour: tel: (1) 45 26 16 59.

Vueltas turísticas en helicóptero. Vistas de pájaro de París ofrece:

- Hélifrance: tel: (1) 45 54 95 11; (salidas desde Paris Héliport, 4 avenue de la Porte-de-Sèvres, 15e).

Paseos a pie. Visitas culturales a pie por distintos distritos o dedicadas a temas específicos, incluyendo museos, exposiciones u otros lugares de interés organizadas durante todo el año por la Caisse nationale des Monuments historiques (vea arriba), por varias compañías privadas y algunos guías individuales. Encontrará más información en las guías de ocio.

Museos y otros lugares de interés

Todos los museos y muchas de las otras atracciones turísticas cobran una entrada, en algunos lugares es gratuita la entrada los domingos. La tercera edad, los niños, estudiantes, profesores, periodistas y artistas profesionales tiene derecho a una reducción. Lleve su pasaporte para poder demostrar su edad o los documentos pertinentes si pertenece a uno de los grupos agraciados. Los horarios son complicados. Los *musées nationaux* cierran los martes, los del Municipio de París los lunes y muchos museos privados los domingos. Es habitual que cierren a la hora de comer, inclusive durante la temporada alta, y los horarios pueden variar durante las exposiciones temporales. Las decisiones de cerrar o no un día de fiesta muchas veces se toman en el último momento por lo cual se recomienda comprobar los horarios en las listas que se publican en las guías de ocio.

El horario de tarde-noche, por ejemplo en el Centro Beaubourg/Pompidou, el Louvre y el Grand Palais, ayuda a evitar las masas. Evite sobre todo las tardes de los miércoles durante el curso académico porque los museos se llenan de escolares.

Pases para museos. Puede ahorrar dinero y tiempo comprando una Carte Musées, válida para un día, o tres o cinco días consecutivos, en los 60 principales museos y lugares de interés dentro y fuera de París, inclusive Versailles. Se venden en las estaciones del Metro y los principales museos.

Iglesias. Las iglesias suelen estar abiertas desde muy temprano (sobre las 7,00 horas) pero cierran varias horas a la hora de comer (desde las 12,30 horas) y vuelven a abrir por la tarde hasta aproximadamente las 19,00 horas. Se restringen las visitas los domingos por la mañana y durante las misas.

Horario comercial de bancos y de oficinas

Las tiendas de ultramarinos suelen abrir sobre las 8,00 horas (las panaderías antes), cerrar para comer entre aproximadamente la 1,00 y las 15,30 o 16,00 horas y volver a abrir hasta las 19,30 o 20,00 horas. Muchas abren los domingos por la mañana pero cierran los lunes. Los mercados al aire libre suelen ponerse solamente por las mañanas y dos o tres días a la semana, incluyendo muchas veces los domingos. El horario de los supermercados, grandes almacenes y otros comercios grandes suele ser de 9,00 a 19,00 horas (de lunes a sábado), al menos un día a la semana, los grandes almacenes cierran más tarde. Tiendas y boutiques de modas y de regalos, galerías de arte y tiendas de antigüedades suelen abrir tarde (sobre las 11,00 ó 12,00 horas), cierran también una hora para comer (pero más tarde de lo normal, entre las 14,00 y las 15,00 horas, para poder atender a los oficinistas durante su tiempo libre al mediodía.

El horario de los bancos invariablemente es de 9,00 a 16,30 horas, siendo una excepción las pocas oficinas de cambio que hay en París y que pueden estar cerradas entre las 12,00 y las 14,00 horas. En vísperas de fiestas, todos los bancos cierran al mediodía.

Hay oficinas de cambio en los aeropuertos de Orly y de Roissy/CDG abiertas a diario entre las 6,00 y las 13,30 horas y en la Gare de Lyon entre las 6,00 y las 23,00 horas. También a diario, pero con un horario más restringido, abren las sucursales bancarias de las estaciones de ferrocarril de Austerlitz, Est, Nord y St-Lazare. La *UBP* de 154 avenue des Champs-Elysées, 8e, abre los fines de semana entre las 10,30 y las 18,00 horas, y la *Crédit Commercial de France* (CCF) en el 117 está abierto de lunes a sábado entre las 8,00 y las 20,00 horas. Los cajeros automáticos (billetteries) de los cuales puede retirar dinero en efectivo con su tarjeta Visa y algunas otras tarjetas de crédito internacionales se encuentran por toda la ciudad.

Oficinas de cambio privadas, que normalmente cambian peor, se encuentran sobre todo en el distrito de St-Germain-des-Prés.

El horario de oficinas es de 8,30 ó 9,00 hasta las 18,00 ó 18,30 horas, pero muchos ejecutivos se quedan hasta por lo menos las 19,00 horas. De ahí que la hora punta de la tarde sea de 18,00 a 20,00 horas, la de la mañana, normalmente no tan difícil, entre las 7,00 y las 9,00 horas. Como bastantes parisinos tienen segundas viviendas fuera de París, se debe evitar en lo posible las carreteras de salida y de entrada los viernes o los domingos por la tarde, respectivamente.

Días festivos

Muchos museos y lugares de interés turístico cierran en: Día de Año Nuevo, Lunes de Pascua, 1 de mayo (Día del Trabajo), 8 de mayo (día de la victoria en Europa, 8 de mayo de 1945), Ascensión de Nuestro Señor, Domingo de Pentecostés, 14 de julio (toma de la Bastilla), 15 de agosto (Ascensión de la Virgen), 1 de noviembre (Todos los Santos), 11 de noviembre (Día de la Memoria o del Armisticio), Día de Navidad.

Vacaciones La mayoría de las tiendas y restaurantes cierra varias semanas por vacaciones del personal, normalmente entre el 1 de julio y el 15 de septiembre, aunque también hay sitios que cierran durante las vacaciones escolares de febrero. La temporada de teatro es de octubre a finales de julio, aunque algunos teatros, sobre todo pequeños, abren también en verano.

Restaurantes

En los cafés y *brasseries* se pueden comer platos aislados a todas horas del día pero los restaurantes normales, tanto los pequeños sitios como los famosos santuarios de los *gourmet,* tienen unos horarios bastante rígidos: comidas a partir de las 12,00 y resultará difícil que le sirvan algo pasadas las 13,00 o las 13,15 horas. Las cenas se suelen servir a partir de las 20,00

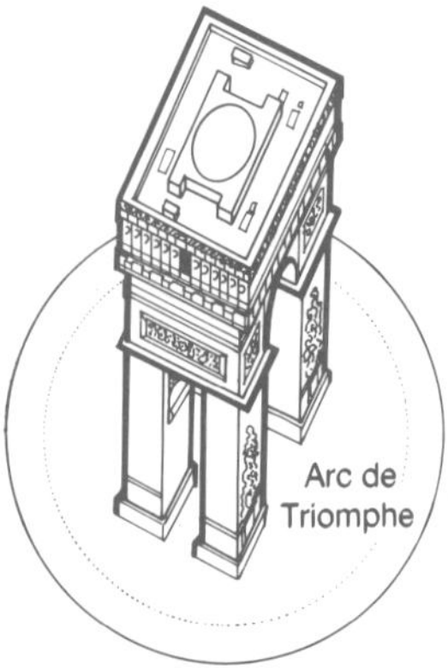

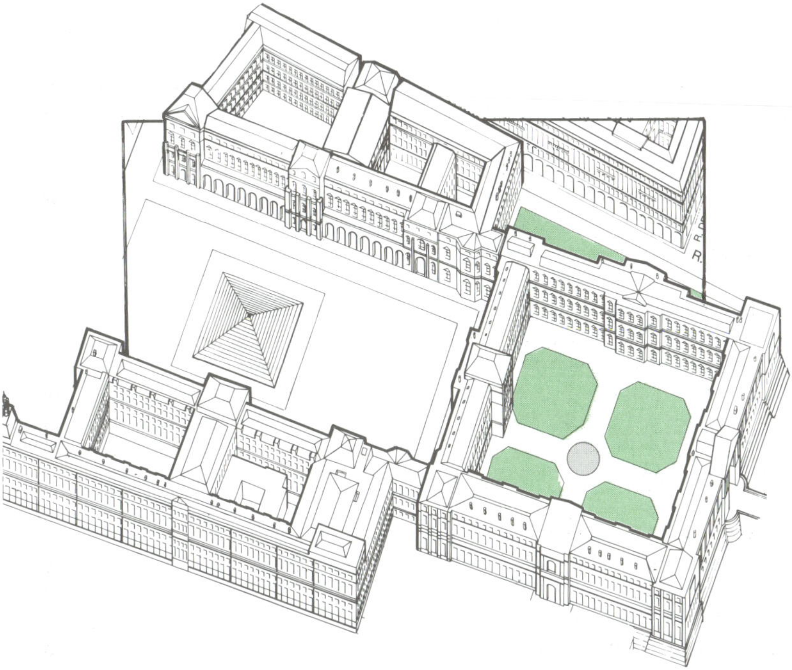

horas (en sitios preparados para el turismo también antes) y hasta las 21,30 horas. La mayoría de los restaurantes suelen cerrar al menos un día a la semana y un mes en verano.

Correos

Las oficinas de correos están abiertas desde las 8,00 horas hasta las 19,00 horas de lunes a viernes, y entre las 8,00 y las 12,00 horas los sábados. Los domingos abre por lo menos una oficina en cada *arrondissement* hasta el mediodía. La oficina principal de correos de la ciudad, ubicada en 52 rue du Louvre, 1er, está abierta día y noche. Los sellos se pueden comprar en las oficinas de correos y en los estancos que se encuentran en los cafés que llevan la señal TABAC.

Teléfonos

La cabinas de teléfono, situadas en las calles, estaciones y aeropuertos y en otros lugares públicos, funcionan con monedas o con una especie de tarjetas *(télécartes)*, que se pueden comprar en las oficinas de correos y en los estancos de algunos cafés.

Todos los números de teléfono de Francia constan ahora de ocho dígitos y se han suprimido los prefijos con la excepción de París a cuyos números (los que comienzan con 4) se ha de anteponer un 1 si está llamando fuera de la capital. Las llamadas desde París a los suburbios cuyos números comienzan con 3 ó 6 se hacen sin prefijo. Para llamar desde París al resto de Francia, marque el 16, espere una señal acústica y luego marque el número de ocho dígitos del abonado. Para llamadas internacionales, marque el 19, espere una señal acústica, luego marque el código del país, el prefijo de la ciudad o región (para España: 19-34, el prefijo sin el 9) y luego el número del abonado. El código internacional para Francia es el 33.

La guía telefónica de París tiene tres tomos, también existen las Páginas Amarillas. En Francia no hay servicio de operador, pero recibirá información marcando el 12. Para información internacional, marque el 19, espere la señal y luego marque el 33 seguido del código del país en cuestión.

París para niños

El Jardin d'Acclimatation, situado en la parte de Neuilly del Bois de Boulogne, el gran pulmón de París, es un sitio lleno de vida con una casa de fieras, una granja llena de cabras y gallinas, un parque de atracciones, un recorrido de *mini-golf* y un museo para niños *(Musée en herbe)* que tiene un taller de pintura para los más pequeños. Incluso puede ir hasta allí en un pequeño tren que sale de la porte Maillot. Y a poca distancia está el musée des Arts et traditions populaires, con una colección de arte popular que incluye muchos juguetes.

Ahora, París tiene dos museos de las ciencias, el tradicional Palais de la Découverte, con su popular planetario, y, eclipsándolo algo en estos tiempos, el futurista Cité des Sciences en el Parc de la Villette, una amplio parque que ofrece muchas actividades para niños *(vea pág. 29)*.

Situado en la parte este de la ciudad, el Bois de Vincennes tiene un zoo completo y también una casa de fieras para niños en el Jardin des Plantes en la esquina del Barrio Latino. Otros parques donde los niños puede quemar su superávit de energías son el parc Monceau, al norte de los Campos Elíseos (Champs-Elysées), el romántico parc des Buttes-Chaumont en el nordeste, y el parc Montsouris y el nuevo parc Georges Brassens en el sur, todos ellos con actividades varias. Hay teatros de marionetas en el Jardin du Luxembourg *(vea págs. 126-27)* y en el los Champ de Mars (cerca de la Torre Eiffel, *(vea pág. 79)*, donde los niños también pueden montar en ponis, posibilidad que también existe en el jardin des Tuileries *(vea pág. 72)*, famoso por su estanque para barcos de vela.

Embajadas extranjeras

En la guía telefónica, las Embajadas y los Consulados están bajo las entradas *Ambassade y Consulat*. He aquí una selección:

- **Alemania** 13 avenue Franklin-D.-Roosevelt, 8e; tel: (1) 42 99 78 00.
- **Argentina** 6 rue Kléber, 16e; tel: (1) 45 53 22 25.
- **Brasil** 122 avenue des Champs-Elysées, 8e; tel: (1) 43 59 87 93.
- **Canadá** 35 avenue Montaigne, 8e; tel: (1) 47 23 01 01.
- **Colombia** 22 rue de l'Elysée, 8e; tel: (1) 42 65 46 08.
- **EE.UU.** 2 avenue Gabriel, 8e; tel: (1) 42 96 12 02 ó (1) 42 61 80 75.
- **España** 13 avenue George-V, 8e; tel: (1) 47 23 61 83.
- **Gran Bretaña** 35 rue du Faubourg-St-Honoré, 8e; tel: (1) 42 66 91 42.
- **Italia** 7 rue de Varenne, 7e; tel: (1) 45 44 38 90.
- **México** 16 rue Hamelin, 16e: tel: (1) 45 04 74 70.

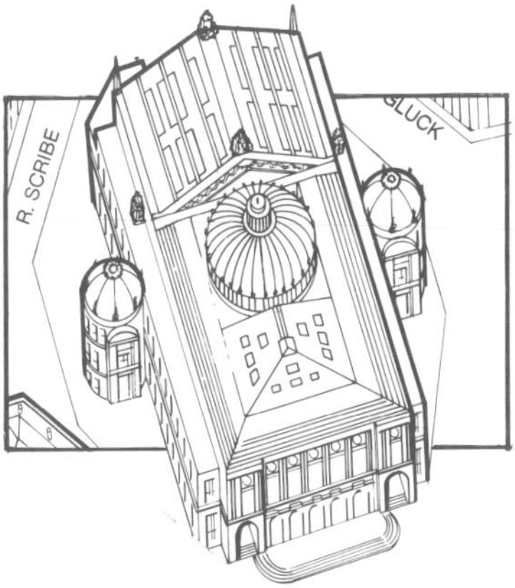

- **Países Bajos** 7 rue Eblé, 7e; tel: (1) 43 06 61 88.
- **Portugal** 3 rue Noisiel, 16e; tel: (1) 47 27 35 29.

Emergencias

Police Secours (accidentes): marque el 17.
Bomberos: marque el 18.

Emergencias médicas:

- SAMU (primeros auxilios): tel: marque el 15 o (1) 45 67 50 50.
- SOS Médecins: tel: (1) 47 07 77 77.
- SOS Dentistes (emergencias dentales): tel: (1) 43 37 51 00.
- Centro de Toxicología: tel: (1) 40 37 04 04.
- Transfusiones de sangre: tel: (1) 43 07 47 28.
- Ambulancias A.P.: tel: (1) 43 78 26 26.
- Unidad de quemados: (adultos): Hôpital Cochill, rue du Faubourg-St-Jacques, l4e, tel. (1) 42 34 17 58; Hôpital St-Antoine. rue du Faubourg-St-Antoine, 12e, tel: (1) 49 28 20 00; (niños): Hôpital Trousseau, avenue du Docteur-Arnold-Netter, 12e, tel. (1) 43 46 13 90.

Farmacias por la noche

En París hay una farmacia que abre las 24 horas, la Pharmacie Dhéry, 84 avenue des Champs-Elysées, 8e. Las siguientes abren hasta las 1,00 de la noche:

- Drugstore Publicis St-Germain, 149 boulevard St-Germain, 6e.
- Pharmacie Machelon, 5 place Pigalle, 9e.
- Pharmacie Opéra, 6 boulevard des Capucines, 2e.

Comisaría de policía (principal)

9 boulevard du Palais, 4e.

Objetos perdidos

La oficina central se encuentra en 36 rue des Morillons, 15e (abierto lunes, martes, miércoles y viernes de 8,30 a 17,00 horas; jueves de 8,30 a 20,00 horas).

Plano del metro de París

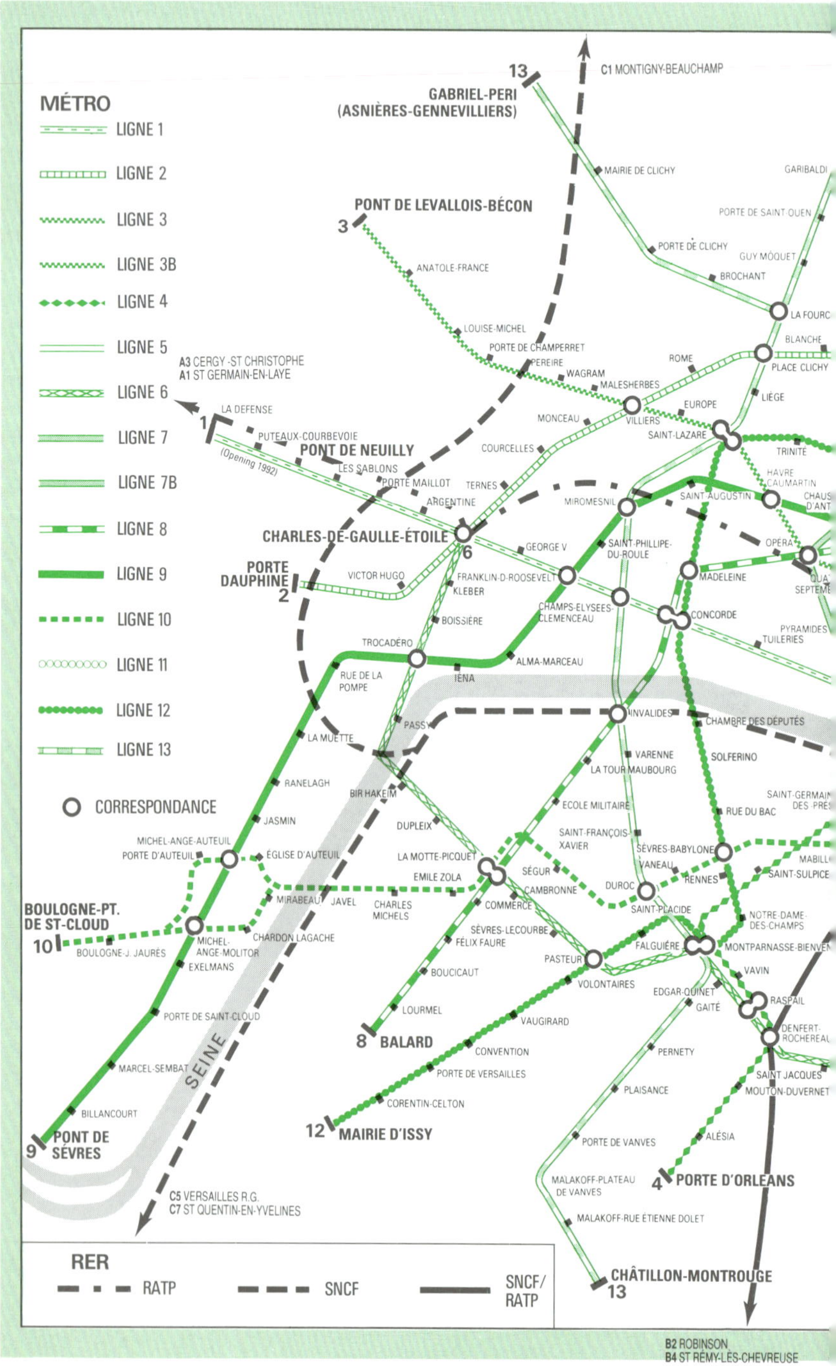

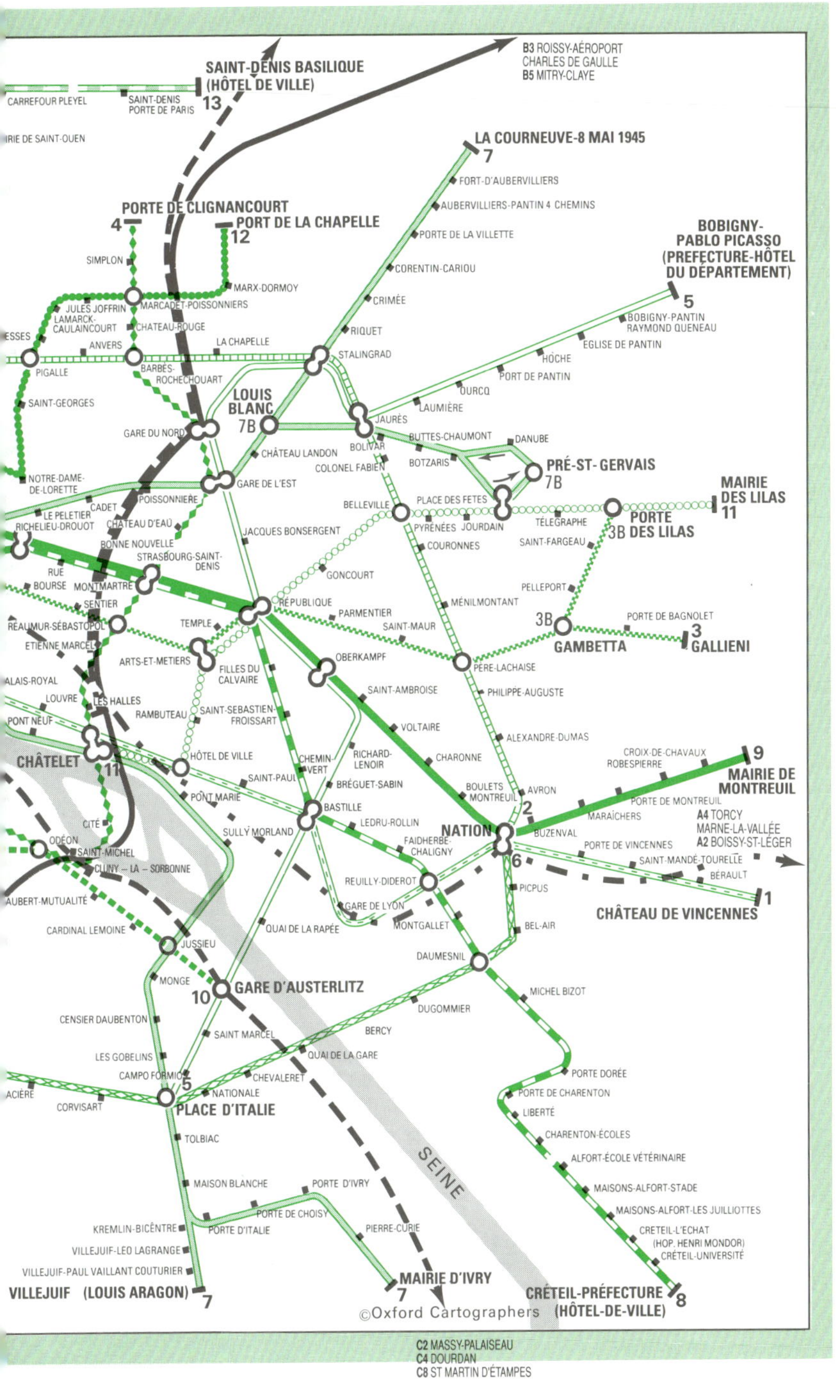

B3 ROISSY-AÉROPORT CHARLES DE GAULLE
B5 MITRY-CLAYE
SAINT-DENIS BASILIQUE (HÔTEL DE VILLE)
13
CARREFOUR PLEYEL
SAINT-DENIS PORTE DE PARIS
LA COURNEUVE-8 MAI 1945
7
FORT-D'AUBERVILLIERS
AUBERVILLIERS-PANTIN 4 CHEMINS
PORTE DE LA VILLETTE
CORENTIN-CARIOU
CRIMÉE
RIQUET
STALINGRAD
PORTE DE CLIGNANCOURT
4
PORT DE LA CHAPELLE
12
SIMPLON
MARX-DORMOY
MARCADET-POISSONNIERS
JULES JOFFRIN
LAMARCK-CAULAINCOURT
CHATEAU-ROUGE
ANVERS
LA CHAPELLE
PIGALLE
BARBÈS-ROCHECHOUART
SAINT-GEORGES
GARE DU NORD
NOTRE-DAME-DE-LORETTE
LOUIS BLANC
7B
BOBIGNY-PABLO PICASSO (PREFECTURE-HÔTEL DU DÉPARTEMENT)
5
BOBIGNY-PANTIN RAYMOND QUENEAU
EGLISE DE PANTIN
HOCHE
PORT DE PANTIN
OURCQ
LAUMIÈRE
JAURÈS
BUTTES-CHAUMONT
DANUBE
BOLIVAR
BOTZARIS
COLONEL FABIEN
CHÂTEAU LANDON
GARE DE L'EST
PRÉ-ST-GERVAIS
7B
POISSONNIÈRE
CADET
LE PELETIER
RICHELIEU-DROUOT
CHÂTEAU D'EAU
BONNE NOUVELLE
STRASBOURG-SAINT-DENIS
JACQUES BONSERGENT
BELLEVILLE
PLACE DES FETES
PYRÉNÉES
JOURDAIN
TÉLÉGRAPHE
PORTE DES LILAS
3B
MAIRIE DES LILAS
11
SAINT-FARGEAU
COURONNES
GONCOURT
RUE MONTMARTRE
BOURSE
SENTIER
RÉAUMUR-SÉBASTOPOL
RÉPUBLIQUE
PARMENTIER
MÉNILMONTANT
PELLEPORT
TEMPLE
SAINT-MAUR
3B
GAMBETTA
PORTE DE BAGNOLET
3
GALLIENI
ETIENNE MARCEL
ARTS-ET-METIERS
FILLES DU CALVAIRE
OBERKAMPF
PÈRE-LACHAISE
PALAIS-ROYAL
LOUVRE
LES HALLES
RAMBUTEAU
SAINT-SEBASTIEN-FROISSART
SAINT-AMBROISE
PHILIPPE-AUGUSTE
PONT NEUF
VOLTAIRE
ALEXANDRE-DUMAS
CHÂTELET
11
HÔTEL DE VILLE
CHEMIN-VERT
RICHARD-LENOIR
CHARONNE
CROIX-DE-CHAVAUX
ROBESPIERRE
9
MAIRIE DE MONTREUIL
SAINT-PAUL
PONT MARIE
BRÉGUET-SABIN
BOULETS MONTREUIL
AVRON
2
PORTE DE MONTREUIL
BASTILLE
MARAÎCHERS
A4 TORCY MARNE-LA-VALLÉE
A2 BOISSY-ST-LÉGER
CITÉ
LEDRU-ROLLIN
NATION
BUZENVAL
ODÉON
SULLY MORLAND
FAIDHERBE-CHALIGNY
PORTE DE VINCENNES
SAINT-MICHEL
6
SAINT-MANDÉ-TOURELLE
CLUNY — LA — SORBONNE
REUILLY-DIDEROT
BÉRAULT
PICPUS
MAUBERT-MUTUALITÉ
GARE DE LYON
1
CHÂTEAU DE VINCENNES
CARDINAL LEMOINE
QUAI DE LA RAPÉE
MONTGALLET
BEL-AIR
JUSSIEU
DAUMESNIL
MONGE
GARE D'AUSTERLITZ
10
MICHEL BIZOT
DUGOMMIER
CENSIER DAUBENTON
BERCY
SAINT MARCEL
LES GOBELINS
QUAI DE LA GARE
CAMPO FORMIO
5
CHEVALERET
PORTE DORÉE
GLACIÈRE
CORVISART
NATIONALE
PLACE D'ITALIE
PORTE DE CHARENTON
LIBERTÉ
TOLBIAC
CHARENTON-ÉCOLES
SEINE
ALFORT-ÉCOLE VÉTÉRINAIRE
MAISON BLANCHE
PORTE D'IVRY
MAISONS-ALFORT-STADE
PORTE DE CHOISY
MAISONS-ALFORT-LES JUILLIOTTES
KREMLIN-BICÊTRE
PORTE D'ITALIE
PIERRE-CURIE
CRETEIL-L'ECHAT (HOP. HENRI MONDOR)
CRÉTEIL-UNIVERSITÉ
VILLEJUIF-LEO LAGRANGE
VILLEJUIF-PAUL VAILLANT COUTURIER
MAIRIE D'IVRY
7
CRÉTEIL-PRÉFECTURE (HÔTEL-DE-VILLE)
8
VILLEJUIF (LOUIS ARAGON)
7
©Oxford Cartographers
C2 MASSY-PALAISEAU
C4 DOURDAN
C8 ST MARTIN D'ÉTAMPES

1
2
9
10
12
13
14
4
5
6
7
8

El Parc de la Villette

① La nueva y excitante "Ciudad de la Ciencia" de París **(Cité des Sciences et de l'Industrie,** cerrada los lunes), una estructura de acero y de cristal terminada en 1986 con diseños futuristas del arquitecto francés Adrien Fainsilber, se aleja mucho de la idea de un museo de ciencia tradicional. Es una "experiencia interactiva" —los niños están invitados a tocar (y a empujar, a tirar y a actuar de otra manera) gran parte de las piezas— que incluyen un planetario, un "Inventorium" (para niños entre 3 y 12), un centro multimedia y un modelo del cohete espacial Ariadne. Fue construido sobre los cimientos de un gran edificio de subasta de ganado, un complejo monstruoso que era obsoleto ya en el momento de su construcción a finales de los sesenta con el fin de reemplazar los mataderos municipales del s. XIX y el complejo del mercado de carne. ② Enfrente de la entrada principal está **La Géode,** una esfera de acero, también diseñada por Fainsilber, que aloja un popular cine con una pantalla semiesférica de 1.000 m^2 y un sistema de proyección Omnimax de 180 grados. ③ **Le Zénith** acoge a conciertos de pop-rock. ④ La *Halle aux Boeufs* (mercado de ganado), construido en 1867 y el único superviviente de los tres edificios originales de hierro fundido y cristal, ha sido restaurado y rebautizado **La Grande Halle.** Ahora se utiliza para grandes acontecimientos (caben más de 16,000 personas), exposiciones y ferias. ⑤ El **Théâtre Paris-Villette** representa sobre todo obras contemporáneas. En ambos lados de ⑥ la **Fontaine aux Lions,** que data del principios del s. XIX y que se trasladó hasta aquí en 1867 desde la futura place de la République situada en la parte este de París, están los edificios gemelos ⑦ y ⑧, formando la **Cité de la Musique** (conservatorio más sala de conciertos y un museo de instrumentos musicales que se inaugurará en 1993). ⑨-⑪ El parque, el más grande de París, está dotado de **follies** de color rojo, todos variantes del tema del cubo, destinados a acoger un centro de información, talleres y estudios y una galería de vídeo. ⑫ Los niños también se sienten atraídos por el **dragón,** un tobogán gigante hecho de chatarra. ⑬ **Croixement (F)**, que se asoma sobre el Canal de l'Ourcq, está bien para tomarse una copa y comer algo. ⑭ Cerca está el **embarcadero** de los barcos que circulan entre el Parc de la Villette y la marina del Bassin de la Villette, desde donde salen las excursiones de tres horas que le devuelven, en un barco del canal, al centro de París *(vea pág. 19).*

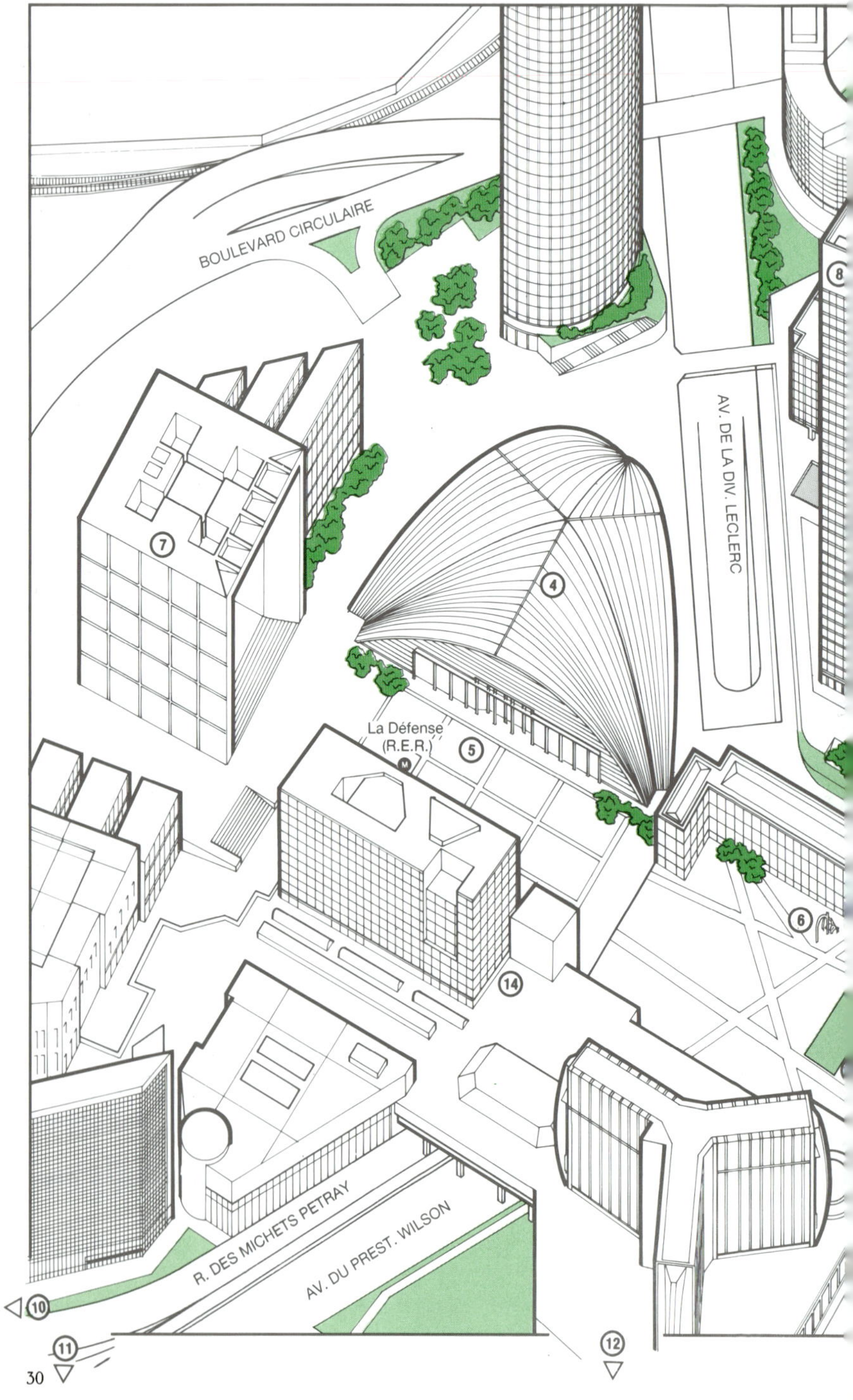
BOULEVARD CIRCULAIRE
AV. DE LA DIV. LECLERC
La Défense
(R.E.R.)
R. DES MICHETS PETRAY
AV. DU PREST. WILSON
4
5
6
7
8
10
11
12
14

La Défense

Este barrio residencial y de negocios de rascacielos cerca de Neuilly, en la parte oeste de París, debe su nombre a ① un **monumento de bronce a los que defendieron París en la guerra franco-prusiana.** Al contrario que la mayoría de las otras obras del prolífico escultor Barrias, incluyendo una estatua, muy vilipendiada, de Victor Hugo situada en la plaza del mismo nombre, ha sobrevivido la ocupación nazi y ahora ha vuelto a su emplazamiento inicial, aunque en un entorno totalmente distinto. Cerca está ② el **Bassin Agam,** adornado con una fuente que funciona a intervalos, acompañado de un espectáculo de luz y música. A sus alrededores se levantan los altos bloques que hoy en día forman el límite oeste de la "Vía Triunfal" diseñada por Luis XIV y su maestro jardinero André Le Nôtre *(vea pág. 73).* ③ La primera de las "torres" es la **Tour Esso,** que data de 1964. ④ El **CNIT,** la abreviatura del Palais du Centre national des Industries et des Techniques se abrió al público el mismo año. Este centro de exposiciones, que poco a poco se ha convertido en un complejo de oficinas y un centro de conferencias, tiene un tejado triangular en forma de tienda de campaña. En frente está ⑤ una **escultura de Joan Miró,** y cerca ⑥ un **Stabile de Alexander Calder.** ⑦ El gigante **Grande Arche,** un cubo brillante de hormigón revestido de cristal y de mármol blanco, famoso por tener el suficiente tamaño como para poder acoger en su interior la catedral de Notre Dame. Fue inaugurado en 1989 para celebrar el bicentenario de la Revolución Francesa y alberga, entre otras cosas, la Fundación Internacional de los Derechos Humanos. ⑧ La **Tour Fiat,** uno de los edificios más altos de Europa (235 metros), ofrece espacio para unos 4.500 oficinistas, es decir, algo más que la ⑨ **Tour Elf,** un complejo de cinco torres separadas colocadas en orden descendente. ⑩ La **Tour Pascal,** de 1983, es la sede central de la filial europea de IBM, una de las muchas compañías internacionales que tienen oficinas en La Défense, mientras que ⑪ **Défense 2000,** ⑫ **Eve** y ⑬ **Gambetta** constituyen tres ejemplos de la regla según la cual los edificios de oficinas tienen que ser más altos que los de viviendas. ⑭ **Les Quatre Temps** es el complejo comercial más amplio de Europa. ⑮ A La Défense llega desde París por el **Pont de Neuilly** (fuera del plano), la segunda reconstrucción del puente donde en 1654 Blaise Pascal sufrió un accidente de coche que, según Voltaire, significó que el autor de Les Pensées perdiera su sano juicio.

Lamarck-Caulaincourt
R. CAULAINCOURT
13
PL. CONSTANTIN-PECQUEUR
R. GIRARDON
R. LUCIEN-GAULARD
R. GASTON-COUTÉ
R. PAUL-FÉVAL
10
R. ST-VINCENT
ALLÉE DES BROUILLARDS
12
R. DES SAULES
11
9
R. DE L'ABREUVOIR
8
R. GIRARDON
14
R. CORTOT
R. NORVINS
7
R. ST-RUSTIQUE
R. LEPIC
R. NORVINS
R. D'ORCHAMPT
PL. JEAN-BAPTISTE-CLÉMENT
R. POULBOT
3
4
5
6
R. RAVIGNAN
16
R. GABRIELLE
R. DU CALVAIRE
PL. EMILE-GOUDEAU
15
R. DES TROIS-FRÈRES
R. ANDROUET
R. BERTHE
R. DURANTIN
R. DREVET

▼ 34

① La forma de tarta de bodas de la basílica del **Sacré Coeur** se puede ver desde todo París. Uno de los edificios más conocidos de la ciudad, aunque seguramente no el más estético, fue construido por subscripción pública como un símbolo de expiación y de la renovada fe en el futuro tras la derrota traumática en la guerra franco-prusiana. El interior, amplio y siempre lleno de gente, se encuentra dominado por un gran mosaico de Cristo en estilo bizantino. ② En la pared de **St-Pierre-de-Montmartre,** antes parte de una gran abadía y una de las pocas iglesias románicas que quedan en París, están incorporadas cuatro columnas de mármol, posiblemente restos de un templo romano construido en esta colina. ③ El **place du Tertre** es el Montmartre turístico con creces: una pintoresca plaza de pueblo, ahora ocupada por "artistas" con sus caballetes. ④ **La Crémaillère 1900 (FF)** en el No. 15, con una decoración tipo *art nouveau,* es mejor que el resto de los restaurantes mediocres pero a veces divertidos y cerca de la plaza. ⑤ No. 6, restaurante desde 1793, se sigue llamando **Chez la Mère Catherine (FF)** en memoria a su primera patrona. ⑥ Al lado, en el No. 4, **Au Cadet de Gascogne,** uno de los muchos *"cabarets artistiques"* con buen ambiente y música en directo. ⑦ **A la Bonne Franquette,** situado en una esquina de la rue St-Rustique, es otro *cabaret* —pero con la diferencia de que éste figura en un cuadro de Van Gogh. ⑧ **"La casa rosa"** también ha sido hecha inmortal en un lienzo, esta vez por Utrillo, que vivió durante poco tiempo en lo que ahora es ⑨ el **Musée de Montmartre** (12 rue Cortot, cerrado lunes), ubicado en un jardín pequeño y agradable y lleno de piezas que hacen recordar el espíritu de *"Le Vieux Montmartre",* ⑩ Utrillo está enterrado en el **Cimetière St-Vincent.** ⑪ La colina de Montmartre antes estaba cubierta de viñedos, esto lo recuerda un pequeño **viñedo,** llamado de manera algo exagerada *"le Clos Montmartre",* que se plantó en los años 30. ⑫ **Le Lapin Agile,** un cabaña de color rojo con contraventanas verdes, fue uno de los centros de la vida nocturna bohemia de los primeros años de este siglo y sigue siendo un buen sitio para disfrutar de una velada con canciones y ambiente francés (cerrado lunes). ⑬ **Clodenis (FF,** cerrado domingo y lunes), en 57 rue Caulaincourt, cocina honesta lejos de los tropeles de turistas. ⑭ El **Moulin de la Galette,** famoso por los cuadros de Renoir, es uno de los dos molinos de viento que quedan de las docenas de molinos que antes estuvieron en la cima de la colina. ⑮ *(Vea 1, 2 y 3 en pág. 34).* ⑯ *(Vea 4 en pág. 34).*

▼ 35

1
2
3
32
R. RAVIGNAN
R. DES ABBESSES
R. DE LA VIEUVILLE
8
7
5
PL. DES ABBESSES
Abbesses
9
R. VÉRON
R. ANDRÉ-ANTOINE
6
R. YVONNE-LE-TAC
R. DES MARTYRS
R. PIÉMONTÉSI
IMP. DE GUELMA
R. D'ORSEL
R. HOUDON
R. ANDRÉ-ANTOINE
VILLA DANCOURT
Pigalle
PL. PIGALLE
15
BD. DE CLICHY
BD. DE ROCHECHOUART
PIGALLE
R. ALFRED-STEVENS
AV. FROCHOT
R. FROCHOT
R. DES MARTYRS
R. VIOLLET-LE-DUC
R. LALLIER
CITÉ MALESHERBES

Montmartre

▲ 33

① La simpática **place Emile-Goudeau** *(vea pág. 32)*, adornada con una de las fuentes donadas a París por Sir Richard Wallace (fuera del mapa), el famoso coleccionista de arte que reunió parte de la Wallace Collection de Londres. ② En el No. 13 el **Bateau-Lavoir** de madera (fuera del mapa), hogar y estudio de Picasso y de Modigliani, entre otros muchos artistas (aquí se pintó *Les Demoiselles d'Avignon)*, fue reconstruido después de haber sido víctima de un incendio en 1970. ③ **Le Relais de la Butte (F,** cerrado los lunes y en invierno y al mediodía los martes), un mesón acogedor que data del s. XVII. ④ La diminuta **place du Calvaire** (impresionantes vistas sobre París) ⑤ La **place des Abbesses** es un resto de la abadía que antiguamente ocupó la colina. ⑥ "St-Jean-des-Briques" es el irrespetuoso apodo que los vecinos han dado a la iglesia de **St-Jean-l'Evangéliste,** un ejemplo temprano de las modernas construcciones de hormigón, revestidas de ladrillo. ⑦ Algunas de la habitaciones del **Hôtel Régyn's Montmartre (FF)** en el No. 18 dan a ⑧ la square **Jehan-Rictus,** anteriormente square Louis-XVI, sitio donde se llevaron los cuerpos de María Antonieta y de Luis XVI después de ser decapitados. ⑨ **St Denis,** se refiere a un santo (cuyo martirio junto a dos compañeros podría ser el origen del nombre de Montmartre) que, según se dice, fue decapitado en la **rue Yvonne-Le-Tac,** que también vio, en 1534, la fundación de la Sociedad de Jesús, por Ignacio de Loyola. ⑩ Las escaleras empinadas y en zig-zag de la **square Willette** bajan desde Sacré-Coeur *(vea pág. 33)* hasta ⑪ la **Halle-St-Pierre,** un mercado cubierto del s. XIX convertido en dos museos, uno dedicado al arte *naïf,* y el otro un museo para niños, el Musée en Herbe, que también organiza talleres. ⑫ El **Marché St-Pierre,** un famoso mercado de tejidos. ⑬ El **Théâtre Elysée-Montmartre** (72 boulevard de Rochechouart), originalmente un salón de baile muy popular, con una bonita fachada *art nouveau.* ⑭ **Le Chat Noir** (No. 84) se convirtió en el cabaret más famoso de París gracias al inmortal *chansonnier* Aristide Bruant, cuyo "uniforme", un sombrero negro y una bufanda roja, se conoce por los carteles de Lautrec. ⑮ **Place Pigalle,** el corazón de una zona de diversiones licenciosas.

Ch. de Gaulle
Étoile (R.E.R.)
AV. CARNOT
AV. MAC-MAHON
AV. DE WAGR
AV. DE LA GRANDE-ARMÉE
Arc de Triomphe
3
2
AV. FOCH
4
5
6
PL. CHARLES-DE-GAULLE
1
R. DE TRAKTIR
AV. VICTOR-HUGO
R. DE
PRESBOURG
R. LAURISTON
AV. KLÉBER
R. LA PÉROUSE
AV. D'IÉNA
R. DUMONT-D'URVILLE
10
R. DU DOME
Kléber
AV. DES PORTUGAIS
R. JEAN-GIRAUDOUX

La Etoile

▲ 38

① La amplia **place Charles-de-Gaulle,** con sus doce avenidas formando una estrella, lleva este nombre oficial desde la muerte del general en 1970. Pero todo el mundo la conoce como *''L'Etoile'',* La Estrella, una abreviatura de place de l'Etoile, el nombre que se le dio incluso antes de que el Barón Haussmann, Prefecto de París en los años 50 y 60 del s. pasado, la diseñara de acuerdo con su grandioso plan de urbanismo que tan fuerte impacto tuvo sobre París. ② La plaza está dominada por el **Arc de Triomphe** obra de Jean Chalgrin y fruto de una idea de Napoleón Bonaparte que quiso construir un monumento a las fuerzas armadas francesas. Se terminó en 1836, muchos años después de su muerte. Cuando Napoleón se casó con María Luisa de Austria en 1820, el hábil Chalgrin dispuso un modelo que suplió el futuro arco durante las celebraciones. El arco tiene un pequeño museo (cerrado festivos) y una plataforma de maravillosas vistas. ③ La emotiva *Salida de los Voluntarios en 1792,* un grupo escultórico del artista del Romanticismo Françoise Rude, es conocido por el obvio nombre de *''La Marseillaise''.* ④ La elegante **avenue Foch,** alineada con palacetes, antes llevaba directamente hasta el Bois de Boulogne y es la más amplia de las avenidas del Etoile. ⑤ El **Musée d'Ennery** (No. 59, abierto domingos y jueves por la tarde) se creó a partir de las colecciones de arte oriental reunidas por Adolphe d'Ennery, un dramaturgo popular especializado en melodramas. ⑥ La numerosa colonia armenia de París gusta visitar el **Musée Arménien** ubicado en la planta baja de la mansión de Ennery (mismo horario, fuera del plano). ⑦ La más conocida de las avenidas de la ciudad, los **Campos Elíseos,** ahora alineada con edificios modernos sin personalidad, sigue siendo un sinónimo del *glamour* de París. En 1990, el alcalde Jacques Chirac decretó un plan para su embellecimiento, poniendo plantas y un mobiliario urbano especialmente creado para tal fin. ⑧ **Le Drugstore** (No. 133), la versión francesa de las tiendas americanas que venden de todo, es un punto de encuentro de la *jeunesse dorée* para tomarse una copa o cenar algo a deshora, o para comprar periódicos extranjeros y pequeños regalos. ⑨ La **oficina de turismo** de París (No. 127). ⑩ Baudelaire murió, paralizado y sin poder hablar, en la clínica de hidroterapia del Dr. Duval en la **rue du Dôme** el 31 de agosto de 1867 cuando solamente tenía 46 años.

▲ 37

R. BEAUJON
AV. BERTIE ALBRECHT
PL. GEORGE GUILLAUME
R. ARSÈNE-HOUSSAYE
R. BALZAC
R. LORD-BYRON
R. BALZAC
8
R. CHATEAUBRIAND
7
3
R. GALILÉE
George-V
1
AV. DES CHAMPS-ELYSÉES
2
R. VERNET
AV. GEORGE-V
R. DE BASSANO
R. EULER
R. QUENTIN-BAUCHART

▼ 50

Los Campos Elíseos

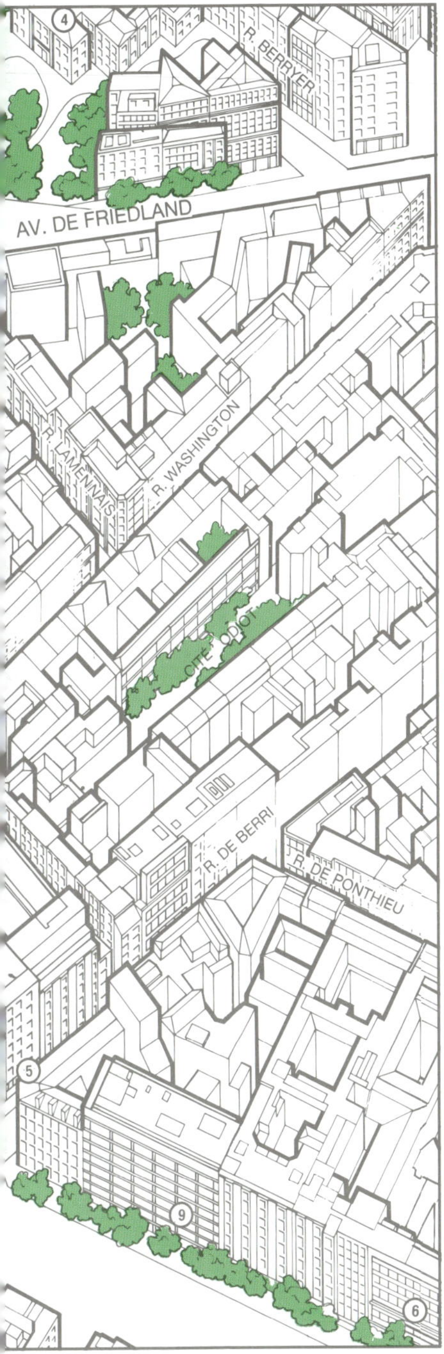

① La **avenue des Champs-Elysées** fue diseñada por el maestro jardinero de Luis XIV, André Le Nôtre, como la primera sección de una "Vía triunfal" desde los jardines de las Tullerías *(vea pág. 72)* hasta Versailles. Su trazado ligeramente inclinado lo convirtió en el escenario idóneo para procesiones, empezando por el solemne regreso de los restos de Napoleón de Santa Elena en un día muy frío del diciembre de 1840, cuando una multitud de más de cien mil personas desafiaron el frío y la nieve para ver durante un instante un pequeño sarcófago cubierto con un manto color púrpura y bordado de oro. ② **Fouquet's (FF-FFF,** No. 99) tiene la terraza más distinguida de "Les Champs" y ③ **El Lido** (No. 116bis) sus revistas más liberales, con su afición por las plumas (y los acróbatas, patinadores y incluso animales vivos); muy turístico y muy caro. ④ El **Hôtel Salomon de Rothschild** (11 rue Berryer) fue el escenario del asesinato del presidente francés Paul Doumer en 6 de mayo de 1932, obra de un emigrante ruso llamado Gorguloff. Los supersticiosos suelen destacar que fue el presidente número 13 del país, que fue elegido un 13 de mayo y que murió a los 13 meses de haber asumido la presidencia. ⑤ Una inscripción en **2 rue de Berri** le dice que otro presidente, esta vez americano, vivió en esta casa mientras fue embajador en París: la residencia de Thomas Jefferson entre 1785 y 1789 fue el Hôtel de Langeac, construido por Chalgrin (arquitecto del Arco del Triunfo, *vea pág. 37)*, y una de las docenas de mansiones que en aquel entonces se alineaban sobre las Champs-Elysées y las calles a su alrededor. ⑥ **52-60 Champs-Elysées,** otra mansión espléndida, el Hôtel de Massa, la primera que se construyó en la avenida (ya en 1778); fue desmantelada en 1928 y reconstruida cerca del Observatoire (38 rue du Faubourg-St-Jacques) como hogar de la Société des Gens de Lettres, la Sociedad de Autores. ⑦ El **Hôtel Balzac** (6 rue Balzac, FFF), uno de los hoteles lujosos más simpáticos de París, tiene un restaurante, *Le Sallambier* **(FF),** con un menú con buena relación calidad-precio. ⑧ Balzac murió en una casa situada en **12 rue Balzac.** ⑨ La **Galerie des Champs,** la primera de una serie de galerías de tiendas de lujo al norte de los Champs-Elysées.

▶ 40

▼ 51

BD HAUSSMANN
R. DE BERRI
R. DU FAUBOURG-ST-HONORÉ
R. PAUL-CÉZANNE
IMP. FORTIN
R. FRÉDÉRIC-BASTIAT
R. D'ARTOIS
R. ST-PHILIPPE-DU-ROULE
R. DU CDT-RIVIÈRE
R. PAUL-BAUDRY
R. LA BOÉTIE
R. DE PONTHIEU
4
5
6
7
2
9
10

▲ 36

▼ 52

St-Philippe-du-Roule

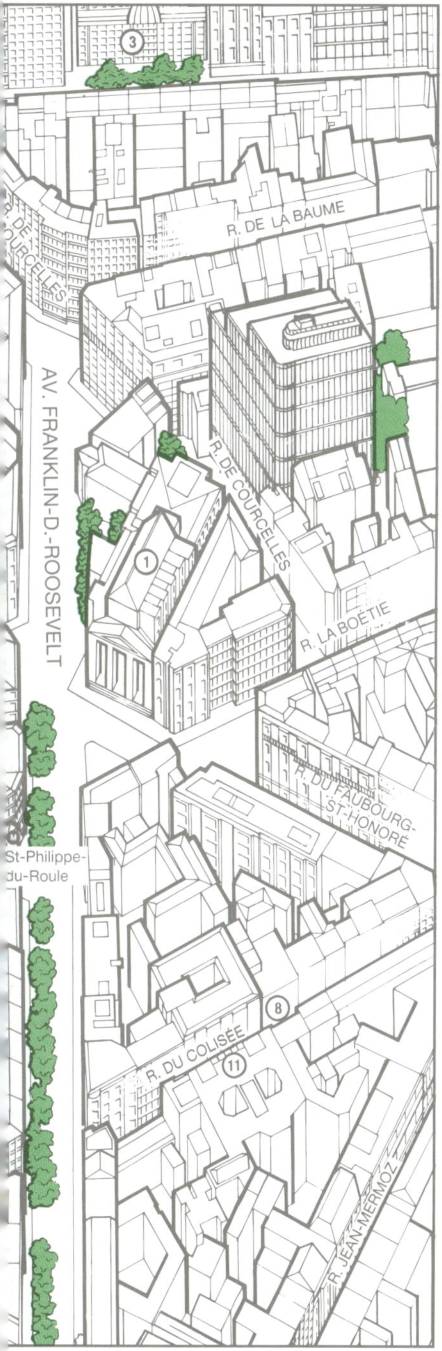

▶ 42

▼ 53

① La **iglesia de St-Philippe-du-Roule,** construida según planos de Jean Chalgrin (que también diseñó el Arco del Triunfo, *vea pág. 37)* entre 1769 y 1784 tiene un pórtico de cuatro columnas dóricas y un frontón. El arquitecto Augustus Pugin, en su libro de láminas de los edificios de París, lo describe como ''una de las mejores transcipciones modernas de las antiguas basílicas cristianas''. ② Charles Dickens describió la muerte del pequeño Paul Dombey cuando vivía con su familia en **38 rue de Courcelles** en 1846; tras haber comenzado *Dombey and Son* en Lausana, se trasladó a París en noviembre de este año y fue presentado a las grandes figuras de la literatura francesa —Chateaubriand, Dumas, Lamartine y Hugo. ③ Una gran mansión del s. XIX alberga las exquisitas colecciones del **Musée Jacquemart-André:** pinturas y muebles del s. XVIII, y pinturas del Quattrocento y Renacimiento italiano, incluyendo importantes obras de Uccello y Botticelli. ④ Al norte del museo, el **Parc Monceau** (fuera del plano), trazado una década antes de la Revolución Francesa para ''Philippe-Egalité'', el padre del rey Luis-Felipe, y luego remodelado por el Barón Haussmann en 1862, es un placentero parque romántico en el centro de una acomodada zona residencial: pequeños lagos artificiales, ruinas falsas, una cascada, un monumento a Alfred de Musset por Antonin Mercié, que antes estuvo en frente de la Comédie française, y otro del mismo escultor dedicado al compositor Charles Gounod, y ⑤ el circular **Pavillon de Chartres** (fuera del plano), una de las puertas de peaje ideadas por Nicolas Ledoux en el s. XVIII que pronto se conoció como el ''muro de los recaudadores'' (Mur des Fermiers-Généraux). En una esquina del parque, dos vastas mansiones convertidas en museos: ⑥ el **Musée Cernuschi** (7 avenue Velasquez, fuera del plano) especializado en arte del lejano oeste, sobre todo de la China; ⑦ el **Musée Nissim-de-Camondo** (63 rue de Monceau, fuera del plano), lleno de elegantes muebles y *objets d'art* del s. XVIII. ⑧ La **rue du Colisée** debe su nombre a un gran centro de diversión emplazado en el No. 44, construido en 1769 y formado por tiendas, cafés y restaurantes, jardines públicos, un lago y una orquesta —se dice que llegaba a acoger hasta cuarenta mil personas. Esta calle y sus alrededores siguen atrayendo a trasnochadores *chic* (y adinerados) que a altas horas de la madrugada dirigen sus pasos hacia ⑨ **Keur Samba** (79 rue La Botie) o ⑩ **Régine's** (49 rue de Ponthieu) o ⑪ **Olivia Valère** (40 rue du Colisée).

BD HAUSSMANN
R. DE LA BAUME
AV. PERCIER
Miromesnil
Miromesnil
R. LA BOÉTIE
AV. DELCASSÉ
R. DE MIROMESNIL
R. DE PENTHIÈVRE
R. DU FAUBOURG-ST-HONORÉ
AV. MATIGNON
R. DU CIRQUE
PL. BEAUVAU
1
2
3
4
7
8
9
10
11
12

▲ 41

▼ 54

La Boétie

▶ 44

▼ 55

① La **Salle Gaveau** (45 rue La Boétie) es una de las salas de conciertos más grandes de París. ② El **Bristol (FFF,** 112 rue du Faubourg-St-Honoré), tal vez el hotel más lujoso de París, famoso por su piscina en la azotea, sus cuartos de baño de mármol, su comedor con artesonados magníficos y su gran jardín (terraza en verano). ③ Libros sobre moda y costumbres en varios idiomas son la especialidad de **Jullien-Cornic** (29 avenue Matignon). ④ La redonda **place Beauvau** debe su nombre al Marquis de Beauvau, un Mariscal de Francia, que encargó la construcción de ⑤ el **Hôtel Beauvau,** una gran mansión del s. XVIII que ahora acoge el **Ministère de l'Intérieur** protegido por grandes puertas de hierro forjado. ⑥ La **rue des Saussaies,** ahora parece extraño que esta calle llena de tráfico antes, en el s. XVIII, condujera a una alameda de sauces llorones; una imagen que choca con otro recuerdo, el No. 11, que fue la sede de la Gestapo nazi durante la Segunda Guerra. ⑦ **Au Jardin du Printemps (FFF,** 32 rue de Penthièvre), sin duda el más distinguido de los restaurantes chinos de París. ⑧ La **rue de Laborde** conmemora el Conde Alexandre de Laborde, un arqueólogo que en 1830, por poco tiempo, fue *Prefecto de la Seine* (algo como alcalde de París), un título que un par de décadas más tarde ostentaba el creador del ⑨ **boulevard Haussmann,** uno de los bulevares más extensos de los que se trazaron atravesando la ciudad a mediados del s. XIX. La esquina formada por el bulevar y la plaza fue el sitio apropiado para erigir, en 1989, una ⑩ **estatua del Barón Haussmann** que llevaba ya medio siglo esperando a ser estrenada en los depósitos municipales (obra de Lon Cogné). ⑪ **Puiforcat** (131 boulevard Haussmann), especializado en plata, incluyendo copias de las maravillosas piezas creadas por Jean Puiforcat en los años treinta, así como obras de creadores modernos. ⑫ Durante los agradables días de verano, el patio lleno de flores de **Le Marcande (FF-FFFF,** 52 rue de Miromesnil) es un delicioso entorno para disfrutar de una cocina elegante y sutil.

PL. ST-AUGUSTIN
R. DE LA PÉPINIÈRE
St-Augustin
BD. HAUSSMANN
R. D'ASTORG
R. LAVOISIER
R. D'ANJOU
SQ. LOUIS XV
R. ROQUÉPINE
R. TRONSON-DU-COUDRAY
BD MALESHERBES
R. DE LA VILLE-L'ÉVÊQUE
R. PASQUIER
R. D'ANJOU
R. DE SURÈNE
R. D'AGUESSEAU
1
2
3
4
5
6

▲ 45

▼ 56

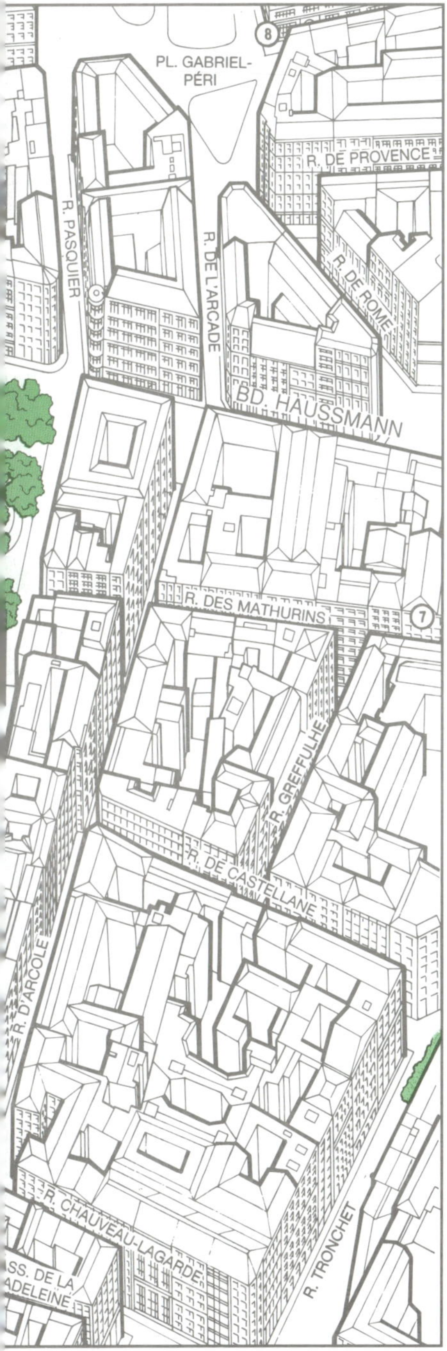

▶ 46

▼ 57

① **Una estatua ecuestre de Juana de Arco** de Paul Dubois, el sobrinonieto del conocido escultor Jean-Baptiste Pigalle, adorna la plaza en frente de ② la **iglesia de St-Augustin** (fuera del plano), construida por Victor Baltard, el arquitecto de los desaparecidos pabellones del mercado de Les Halles *(vea pág. 77)*, en un plano en forma de cuña y un marco de hierro. Proust vivió tanto en ③ el **boulevard Malesherbes** (no. 8) como en ④ el **boulevard Haussmann** (no. 45, con la famosa habitación tapizada de corcho, y no. 102). ⑤ La **square Louis-XVI**, antes el Cimetière de la Madeleine con las tumbas de los Guardias Suizos masacrados en las Tullerías en 1792 y de los más de 1300 hombres y mujeres muertos en la guillotina, entre los que estuvieron María Antonieta y Luis XVI, y Charlotte Corday. ⑥ La **Chapelle expiatoire** fue construida por los arquitectos preferidos de Napoleón, Percier y Fontaine, a instancias de Luis XVIII, como monumento a su hermano y cuñada decapitados (cuyos restos han sido trasladados a la basílica real de St-Denis situada al norte de París). ⑦ el **Théâtre des Mathurins,** construido en 1898, fue el hogar de Ludmilla y Georges Pitoëff desde 1937 hasta la muerte de Georges en 1939: fue aquí donde se representaron todas las obras de Ibsen y Chejov, Pirandello, Shaw y Shakespeare. ⑧ En frente de la Gare St-Lazare, una ''accumulation'' de piezas de equipaje hechos por el escultor Arman, llamada **Consigne à Vie,** una de las dos que le encargó el ministro de cultura Jack Lang.

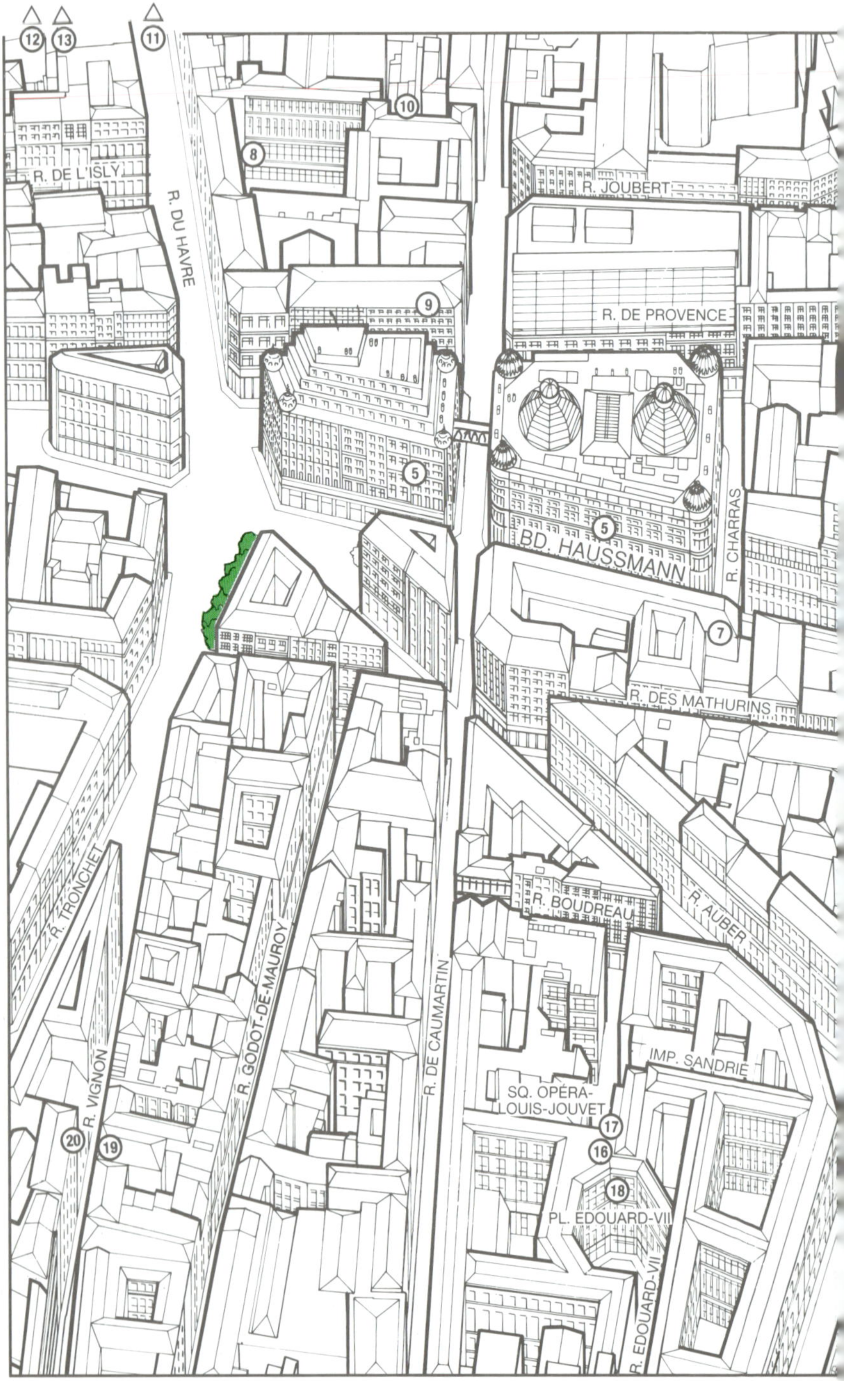
12
13
11
10
8
R. DE L'ISLY
R. DU HAVRE
R. JOUBERT
R. DE PROVENCE
9
5
5
BD. HAUSSMANN
R. CHARRAS
7
R. DES MATHURINS
R. TRONCHET
R. BOUDREAU
R. AUBER
R. GODOT-DE-MAUROY
R. DE CAUMARTIN
IMP. SANDRIE
SQ. OPÉRA-LOUIS-JOUVET
17
16
18
PL. EDOUARD-VII
R. EDOUARD-VII
R. VIGNON
20
19

▲ 45

▼ 58

La Opéra

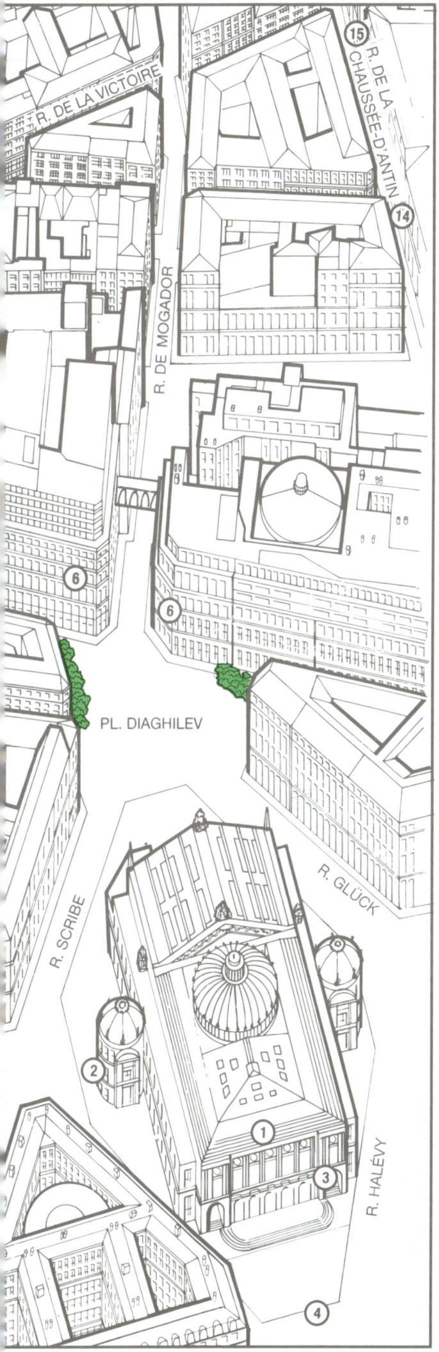

▶ 59

▼ 59

① La espléndida **Opéra** de finales del s. XIX, diseñada por un arquitecto entonces desconocido, Charles Garnier, y famosa por sus grandes escalinatas de mármol, su *Grand Foyer* decorado con pinturas de Paul Baudry, su fresco de Chagall en el techo —y su río subterráneo, fuente de tantas leyendas. ② Un **busto de Garnier** por Jean-Baptiste Carpeaux, que también creó ③ **La Danse,** un grupo situado en la fachada de la ópera (ambos copias). ④ La gran plaza frente a la ópera fue trazada por Barón Haussmann, sobre cuyo bulevar del mismo nombre (el **boulevard Haussmann)** se alinean aquí los grandes almacenes más famosos de París. Tanto ⑤ **Le Printemps** como ⑥ **Galeries Lafayette** son establecimientos especializados en moda, perfumes y accesorios. ⑦ Los bollos y flanes de Navidad de **Marks & Spencer** son de sobra conocidos entre la colonia anglófila. ⑧ El **Lycée Condorcet,** en un edificio neo-clásico de Alexandre-Théodore Brongniart (el arquitecto de la bolsa de París), antiguamente un monasterio de capuchinos. ⑨ La capilla del monasterio es ahora la **iglesia de St-Louis d'Antin.** ⑩ La **passage du Havre,** una galería de compras llena de gente, conduce a ⑪ la **place du Havre** (fuera del plano) que está en frente de la fachada monumental de ⑫ la **Gare St-Lazare** (fuera del plano), para trenes que van a la Normandía. ⑬ En la explanada de la estación (fuera del plano), una escultura de Arman, **L'Heure de tous** (1985), una "accumulation" (en palabras del artista) de relojes. ⑭ Las obras efectuadas en el patio de un banco en **rue de la Chausée-d'Antin** en 1977 condujeron al descubrimiento de las cabezas de los Reyes de Judea que faltaban de la Galerie des Rois de la fachada oeste de Notre Dame, aparentemente enterradas aquí por un astuto aristócrata durante la Revolución Francesa. ⑮ Joséphine de Beauharnais vivió antes de que se casara con Napoleón en el no. 62. ⑯ **Poeta montando a Pegaso,** un monumento a Victor Hugo por Alexandre Falguière, adorna ⑰ la **place de l'Opéra-Louis-Jouvet,** dedicada al gran actor-director. ⑱ La **place Edouard-VII,** un rincón de paz en el barrio ruidoso y ajetreado de Opéra, con una estatua del rey Eduardo VII, hijo de la reina Victoria, totalmente uniformado, obra de Paul Landowski. ⑲ Los amantes de los perfumes no se perderán **L'Artisan parfumeur** (22 rue Vignon), especializado en fragancias naturales, y los amigos del queso acudirán a La **Ferme St-Hubert** (No. 21), una de las mejores tiendas de queso de la ciudad, con un pequeño restaurante.

PL. AMIRAL-DE-GRASSE
PL. DES ETATS-UNIS
R. DE L'AMIRAL-D'ESTAING
R. HAMELIN
R. DE LUBECK
AV. D'IÉNA
R. FREYCINET
PL. ROCHAMBEA
R. BRIGNOLE
Iéna
PL. D'IÉNA
AV. DU PRÉSIDENT-WILSON
AV.
DU
R. DE LA MANUTENTION
R. FRESNEL
R. FOUCAULT
AV. D'IÉNA

▲ 65

Iéna

▲ 50

(8) ▷
(14) ▷

(1) La **place d'Iéna** recuerda la batalla de Jena de 1806, una de las más grandes victorias de Napoleón. (2) Su centro es una **estatua ecuestre de George Washington,** un regalo de la organización "Ladies of America" de 1900. (3) Sorprendentemente hay un mercado al aire libre en **avenue du Président-Wilson,** más conocida por sus museos. (4) El **Musée Guimet** está especializado en el arte del lejano este, mientras (5) el **Palais Galliéra,** un edificio de estilo renacentista del s. XIX con un jardín bonito, acoge el **Musée de la Mode et du Costume** (Museo de la Moda y del vestido, exposiciones temporales exclusivamente). En frente está (6) el **Musée d'Art moderne de la Ville de Paris** (Museo de Arte Moderno de la Ciudad de París, cafetería) tiene obras de Matisse, Picasso, Chagall, Modigliani y Rouault, entre otros muchos artistas del s. XX. (7) El otro lado del mismo edificio, el Palais de Tokyo, ahora acoge el **Centre national de la Photographie,** con populares exposiciones temporales de fotografía. (8) En y cerca de la **place de l'Alma** (fuera del plano), tenemos varios restaurantes famosos: *Marius et Janette* (4 avenue George-V, **FFF),** un elegante restaurante de pescado, tiene un anexo menos caro, el *Bistrot de Marius* **(F-FF).** (9) La **place des Etats-Unis,** situada en el corazón de una zona residencial, (10) tiene una **estatua de H.G. Wells** y (11) un símbolo de la cooperación franco-norteamericana: la **estatua de Lafayette y George Washington** estrechándose las manos (fuera del plano), obra del escultor alsaciano del s. XIX Frédéric-Auguste Bartholdi, el creador de la estatua de la Libertad de Nueva York (12) El **Goethe Institut** (17 avenue d'Iéna) imparte clases de alemán y organiza conferencias y conciertos. (13) El **Palais du Conseil économique et social** fue diseñado a finales de los años 30 por Auguste Perret, un especialista, junto con sus hermanos Claude y Gustave, en edificios con marcos de hormigón reforzados; se le conoce también por (14) su **Théâtre des Champs-Elysées** en la avenue Montaigne (fuera del plano).

▲ 38

R. BASSANO
R. MAGELLAN
R. CHRISTOPHE-COLOMB
PL. HENRI-DUNANT
R. LINCOLN
R. QUENTIN-BAUCHART
3
1
AV. GEORGE-V
2
R. DE CERISOLES
AV. PIERRE 1er DE-SERBIE
IMP. DR-JACQUES-BERTILLON
9
AV. MARCEAU
10
R. DE LA RENAISSANCE
6
8
R. DU BOCCADOR
R. GEORGES-BIZET

▲ 49

George-V

▲ 39

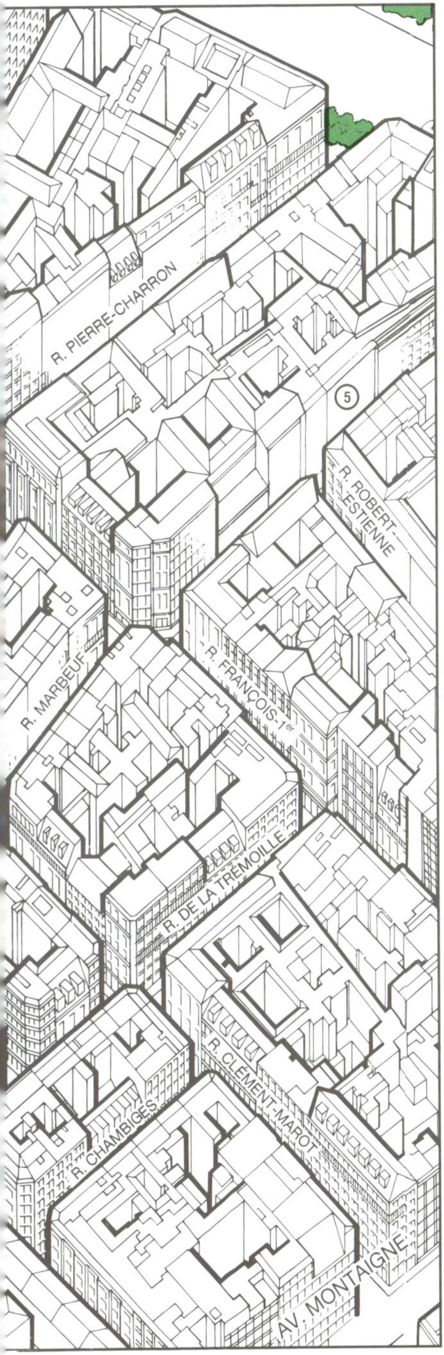

▲ 52

(1) La amplia **avenue George-V**, el nombre proviene del monarca británico, es el centro del *arrondissement* ocho, un sinónimo de hoteles lujosos. (2) El **George-V (FFFF,** 31 avenue George-V), una elegante combinación de elegancia y funcionalismo, con un restaurante que está a la altura del renombre del hotel, *Les Princes,* y (3) el **Mariott-Prince de Galles (FFFF,** No. 33), otro homenaje a un (futuro) rey inglés, ricamente amueblado con antigüedades y provisto de algún que otro salón de baile ahora restaurado. El restaurante de este hotel, una fiesta de art déco simplemente llamado el *Prince de Galles,* sorprende con *menús* a precios módicos, aunque también tiene una *carte* con precios elevados. (4) También muy lujoso, pero algo escondido en una calle menos bulliciosa, La **Trémoïlle (FFFF,** 14 rue de la Trémoïlle). (5) La **rue Marbeuf** es una delicia para los *gourmets,* situada tan solo a unos pocos pasos del desierto gastronómico de los Champs-Elysées. (6) En el No. 15, tiene su templo el restaurador alsaciano Guy-Pierre Baumann, famoso por sus *choucroutes,* que a la hora de poner el nombre a su restaurante combinó el suyo y el de la calle: **Baumann Marbeuf** *(FFF)* especialidad en carnes, incluyendo el favorito de los veranos parisinos, *steak tartare* (amplia selección de salsas), pero también se sirven pescados. (7) **Chez André** en el No. 12 **(FFF)** parece estar ahí desde siempre: un genuino *bistrot* de París a tan solo un tiro de piedra de la internacionalizada Champs-Elysées. (8) En el No. 5, **La Fermette Marbeuf 1900 (FFF-FF)** tiene un aliciente gratis en su decoración al estilo *art nouveau,* que estaba tan cuidadosamente escondido tras una falsa pared que su descubrimiento, ocurrido en los años 70, fue toda una sorpresa; buena comida a precios razonables y una clientela animada son otros dos puntos a su favor. (9) La **Catedral Episcopal Americana de la Santa Trinidad,** con una fachada neo-gótica, data de los años 80 del s. pasado, mientras (10) **St-Pierre-de-Chaillot,** construida medio siglo más tarde, es neo-románica.

▲ 40

▲ 51

R. DU COLISÉE
AV. DES CHAMPS-ÉLYSÉES
Franklin-D.-
Roosevelt
Franklin D
Roosevel
PASS. MARIGNAN
R. DE MARIGNAN
AV. MONTAIGNE
R. FRANÇOIS-1er
R. BAYARD
R. JEAN-GOUJON
PL.
FRANÇOIS-1er
14
5
3
13
9
11
10
12
8

◁ 12

▼ 66

Rond-Point

▲ 41

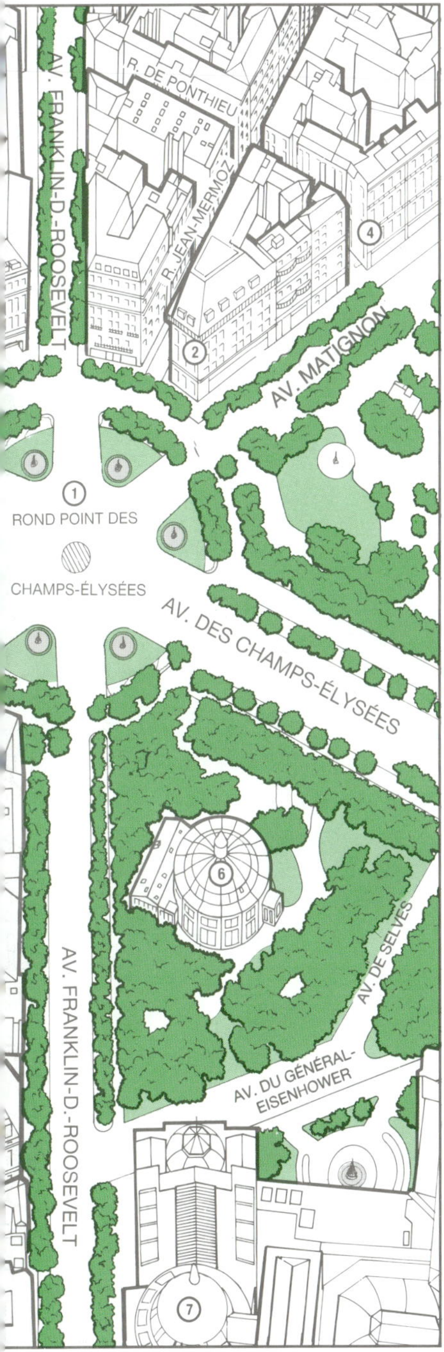

▲ 54

▼ 67

① El **Rond-Point des Champs-Elysées,** una intersección de avenidas embellecida con bancales de flores y fuentes, es un buen mirador para disfrutar de las vistas del Champs-Elysées extendiéndose hacia arriba hasta el Arco del Triunfo *(vea pág. 37)* y hacia abajo hasta la place de la Concorde y los jardines de las Tullerías *(vea pág. 70-3).* ② **Drugstore Publicis Matignon (FF),** un sitio animado para tomarse un copa y cenar que cierra tarde. ③ **Galerie Elysées-Rond-Point** una moderna galería de *boutiques* lujosas construida alrededor de una estructura destinada a ilustrar el principio del movimiento perpetuo, teoría ideada por Leonardo. ④ **Artcurial,** una conocida galería de arte moderno que tiene una buena librería de arte. ⑤ **Le Colisée,** un café popular para observar a la gente. ⑥ **Théâtre Renaud-Barrault,** antes una pista de patinaje sobre hielo a donde solía acudir Colette, es ahora el hogar de la compañía del gran Jean-Louis Barrault y de su esposa Madeleine Renaud. El teatro tiene un restaurante agradable **(FF)** abierto también a los que no van al teatro. ⑦ **Palais de la Découverte,** un museo de ciencia más bien didáctico, con un planetario muy popular, situado en un ala del Grand Palais *(vea pág. 55).* ⑧ **The Scots Kirk** (Iglesia de Escocia, 7 rue Bayard). ⑨ **Avenue Montaigne,** antes una senda lúgubre e infestada de bandidos conocida como *''allée des Veuves''* (alameda de las viudas), fue recuperada para el París elegante por *''Notre Dame de Thermidor'',* alias Marquise de Fontenay, la esposa del líder de la Revolución Jean Lambert Tallien que se compró una casa en esta zona y echó a los malhechores que atracaban a la gente. Ahora es el respetable corazón del mundo de la alta costura. ⑩ **Christian Dior** (No. 30). ⑪ **Nina Ricci** (No. 39). ⑫ **Guy Laroche** (No. 29). ⑬ **The Travellers' Club** (25 avenue des Champs-Elysées) ocupa la única mansión que queda en la avenida, el Hôtel de la Païva, construido para una famosa cortesana del segundo Imperio. ⑭ **L'Alsace** (No. 39, **FFF**), una *brasserie* animada donde sirven platos alsacianos y excelentes pescados las 24 horas del día.

▲ 42
AV. MATIGNON
R. DU CIRQUE
◁ 1
◁ 2
AV. GABRIEL
3
4
AV. DE MARIGNY
▲ 53
6
5
Champs-Elysées-Clemenceau
PL. CLEMENCEAU
AV. DES CHAMPS-ÉLYSÉES
AV. DU GÉNÉRAL-EISENHOWER
11
12
AV. WINSTON-CHURCHILL
10
AV. CHARLES-GIRAULT
13
AV. DUTUIT
▼ 60

▲ 43

▲ 56

▼ 69

① **Artcurial** (9 avenue Matignon, fuera del plano), una galería de arte de ''la orilla derecha'' con una librería de arte bien surtida. ② El poeta alemán Heinrich Heine murió unos cuantos portales más allá, en el No. 3 (fuera del plano), en Febrero de 1856. ③ **Marché aux Timbres,** un mercado al aire libre de sellos y tarjetas postales se celebra los jueves y los fines de semana entre la avenue Matignon y la avenue de Marigny, al lado del ④ **Théâtre Marigny,** construido en 1881 por Charles Garnier, el arquitecto de la Opéra *(vea pág. 47),* para acoger un popular ''panorama''; luego fue convertido en un *music-hall* con un *foyer* al aire libre y más tarde, en los años veinte en un teatro normal. ⑤ El joven Marcel Proust jugaba en el **Jardin des Champs-Elysées** con Marie de Bernardaky, el modelo para la Gilberte en *A la recherche du temps perdu.* ⑥ Una **estatua de Alphonse Daudet,** el autor provençal de *Lettres de mon moulin,* que, estando tan lejos de su soleada patria, lleva sobre sus rodillas una manta de viaje que lo protege del frío del mármol. ⑦ El **Palais de l'Elysée,** antes la casa de varias mujeres hermosas —Madame de Pompadour, la hermana de Napoleón Caroline Murat y de su Emperatriz Joséphine— es, desde 1873, el palacio presidencial. ⑧ Otra de las hermanas de Napoleón, Pauline Borghese, vivió en lo que es ahora la **residencia del embajador británico** (39 rue du Faubourg St-Honoré), situada casi al lado de ⑨ la **embajada británica** en el No. 35, que, al igual que los edificios anteriores disfruta de unos jardines privados que se extienden hasta los jardines de la Champs-Elysées. *(vea también pág. 57).* ⑩ El **Grand Palais,** construido para la Exposición Universal de 1900, una estructura impresionante de piedra y de acero con un techado de cristal que adquiere un aspecto mágico cuando está iluminado de noche; las entradas en ⑪ la **avenue du Général-Eisenhower** y ⑫ la **place Clemenceau** conducen a extensas galerías utilizadas para exposiciones de arte de gran envergadura, mientras que ⑬ el **Petit Palais,** mucho más pequeño y construido en la misma época, alberga varias colecciones permanentes que abarcan desde pinturas francesas del s. XIX hasta muebles del s. XVIII, así como también acoge a exposiciones temporales.

▲ 44

▲ 55

R. DE SURENE
BD MALESHERBES
R. D'AGUESSEAU
R. D'ANJOU
CITÉ DU RETIRO
CITÉ BERRYER
R. DU FAUBOURG-ST-HONORÉ
R. BOISSY-D'ANGLAS
R. ROYALE
Concorde
PL. DE LA CONCORDE
5
6
8
9
10
11
12
13
14
15
16
17
18

▼ 70

Madeleine

▲ 45

▶ 58

▼ 71

① La **iglesia de Ste-Marie-Madeleine** ("la Madeleine" para los parisinos), construida en estilo de un templo clásico y con un columnata corintia. ② Al lado de la iglesia, un atractivo **mercado de flores** al aire libre. ③ y ④ **Fauchon,** tal vez la mantequería más famosa del mundo, ocupa con su escaparate, que hace la boca agua, casi toda la esquina noreste de la place de la Madeleine, que también acoge a ⑤ **Lucas-Carton,** con su sorprendente decoración *art nouveau* de Majorelle y todavía regido por el brillante *chef-mago* Alain Senderens, aunque el restaurante ahora tenga propietarios japoneses **(FFFF,** No. 9). ⑥ La **rue Royale** ofrece unas maravillosas vistas a través de la place de la Concorde hacia el Palais Bourbon situado al otro lado del Sena *(vea pág. 81).* ⑦ En el No. 16, **Ladurée,** un elegante salón de té, cuyos acaudalados visitantes no dudan ni un momento si comprarles algo a sus niños en ⑧ **Bonpoint** (No. 15) la tienda exclusiva (y vergonzosamente cara). ⑨ Los orfebres y plateros **Christofle,** casa fundada en 1830, ahora tienen sus salas de exposiciones en el No. 9, antes hogar del filántropo y conocedor del arte aplicado, el Duque de la Rochefoucauld, un primo del Marquis de La Fayette (pequeño museo). ⑩ El antiguo palacete de otro duque, Armand-Emmanuel du Plessis, Duque de Richelieu, dos veces primer ministro durante la Restauración, es el marco del famoso **Maxim's,** un símbolo de París que ahora es propiedad del *couturier* Pierre Cardin y que sigue luciendo la decoración que a finales de siglo, en sus días de máximo esplendor, vio a *le tout Paris* (No. 3, **FFFF).** ⑪ Madame de Staël vivió en el No. 6 durante los últimos años de su vida con su segundo marido que era más de veinte años más joven que ella. ⑫ La elegante **rue du Faubourg St-Honoré,** alineada con *boutiques* de moda y *parfumiers* lujosos. ⑬ **Hermès** (No. 24) debe ser la guarnicionería más conocida del mundo y sigue vendiendo artículos de cuero hechos a mano así como sus famosos pañuelos de seda. ⑭ El **Cercle Interallié** (No. 33), un club de gente muy importante, con piscina y restaurante, situado en un mansión de principios del s. XVIII. ⑮ Al lado está la **embajada británica** que, siendo unas décadas más joven, fue la residencia, a principios del s. XIX, de Pauline Borghese, una de las hermanas de Napoleón, que la vendió al Duque de Wellington. ⑯ La **embajada norteamericana** (2 avenue Gabriel), a unos pasos del ⑰ lujosísimo **Hôtel Crillon,** ubicado en una gran mansión diseñada por Gabriel, cuyo hermano gemelo es la sede ⑱ del **Ministère de la Marine.**

▲ 46

▲ 57

R. VIGNON
R. GODOT-DE-MAUROY
R. DE SÈZE
RUE CAUMARTIN
R. EDOUARD-VII
R. SCRIBE
BD. DES CAPUCINES
BD DE LA MADELEINE
R. DES CAPUCINES
R. VOLNEY
R. CAMBON
R. ST-HONORÉ
PL. VENDÔME
R. DU MONT THABOR
R. DE CASTIGLIONE
17
3
2
5
6
4
1
12
13

▼ 72

Place Vendôme

▲ 47

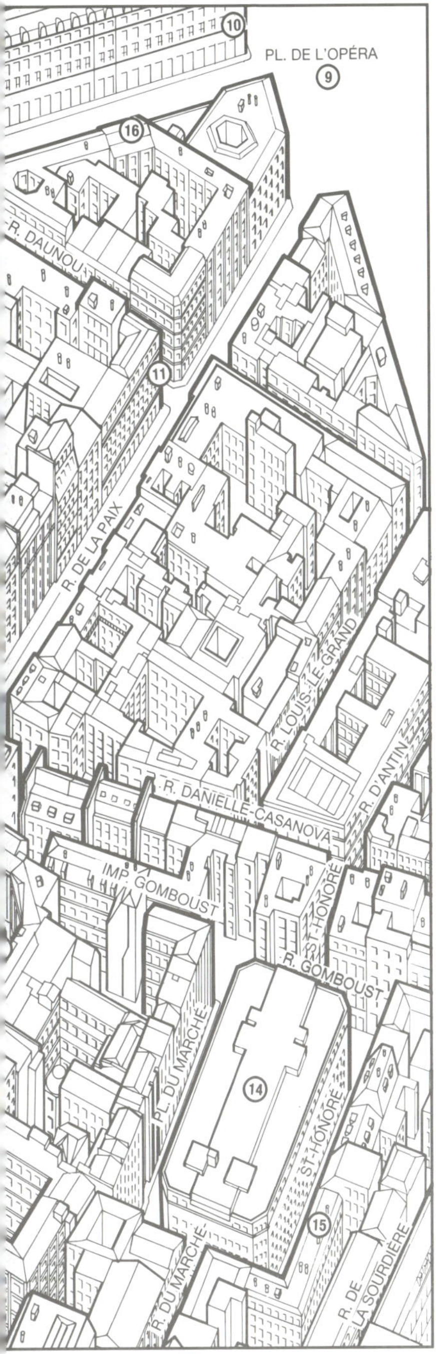

▶ 60

▼ 73

① La **place Vendôme,** rodeada de los elegantes edificios del s. XVII diseñados por Jules Hardouin-Mansart, se encuentra dominada por ② la **Colonne Vendôme,** inspirada en la columna de Trajano de Roma y cubierta de episodios de la batalla de Austerlitz. La columna está hecha de bronce de los cañones que se arrebató al enemigo y está coronada por ③ una **estatua de Napoleón vestido de romano.** Al lado, ④ el **Ministerio de Justicia,** ⑤ el **Hôtel Ritz** que a pesar de su reciente remodelación sigue siendo un gran hotel, con su bar famoso y *L'Espadon,* un restaurante lujoso **(FFFF,** cocina clásica). ⑥ Ya desde los días de César Ritz, los clientes del hotel acuden también a **Boucheron** (No. 26) y a ⑦ **Van Cleef et Arpels** (No. 22), dos de los joyeros más exclusivos de la plaza. ⑧ **Cartier** está justamente a la vuelta de la esquina en la rue de la Paix que conduce a ⑨ la **place de l'Opéra,** una creación de Haussmann situada en frente del edificio majestuoso de la ópera *(vea pág. 47).* ⑩ El muy elegante **Café de la Paix,** los techos de su restaurante fueron diseñados por el arquitecto de la ópera Charles Garnier. ⑪ **Harry's Bar,** sitio de peregrinación de los norteamericanos de visita en París. ⑫ **Godiva** (237 rue St-Honoré) para chocolates belgas de calidad superior. ⑬ **Le Carré des Feuillants** (14 rue de Castiglione, **FFFF),** excelente cocina con un toque del sudoeste. *Feuillants* proviene de los Bernardinos cuyo monasterio antes ocupaba este lugar, al lado del de los *Jacobins* (monjes dominicanos) situado en lo que ahora es ⑭ la **place du Marché St-Honoré,** que tiene un mercado cubierto y varios restaurantes agradables. ⑮ **L'Absinthe** (No. 24, **FFF),** *chic* pero relajado, cocina nueva. ⑯ La primera exposición de arte impresionista tuvo lugar, bajo muchas críticas, en el estudio alquilado por el gran fotógrafo Nadar en **35 boulevard des Capucines.** ⑰ El *music-hall* **Olympia** sigue en la cresta del negocio del espectáculo. Piaf y Montand han actuado aquí.

R. LOUIS-LE-GRAND
R. DE CHOISEUL
R. DU QUATRE-SEPTEMBRE
R. DE PORT-MAHON
R. DE LA MICHODIÈRE
R. D'ANTIN
R. ST-AUGUSTIN
R. DE GRAMONT
R. MONSIGNY
R. GAILLON
R. RAMEAU
R. CHÉRUBINI
AV. DE L'OPÉRA
R. MARSOLLIER
R. DALAYRAC
PASS. CHOISEUL
R. STE-ANNE
R. DANIELLE-CASANOVA
R. GOMBOUST
R. DE LA SOURDIÈRE
R. ST-ROCH
R. MÉHUL
R. DE VENTADOUR
R. DES PETITS CHAMPS
R. CHABANAIS
R. DES MOULINS
R. THÉRÈSE
1
2
5
8
9
13

▲ 59

▼ 74

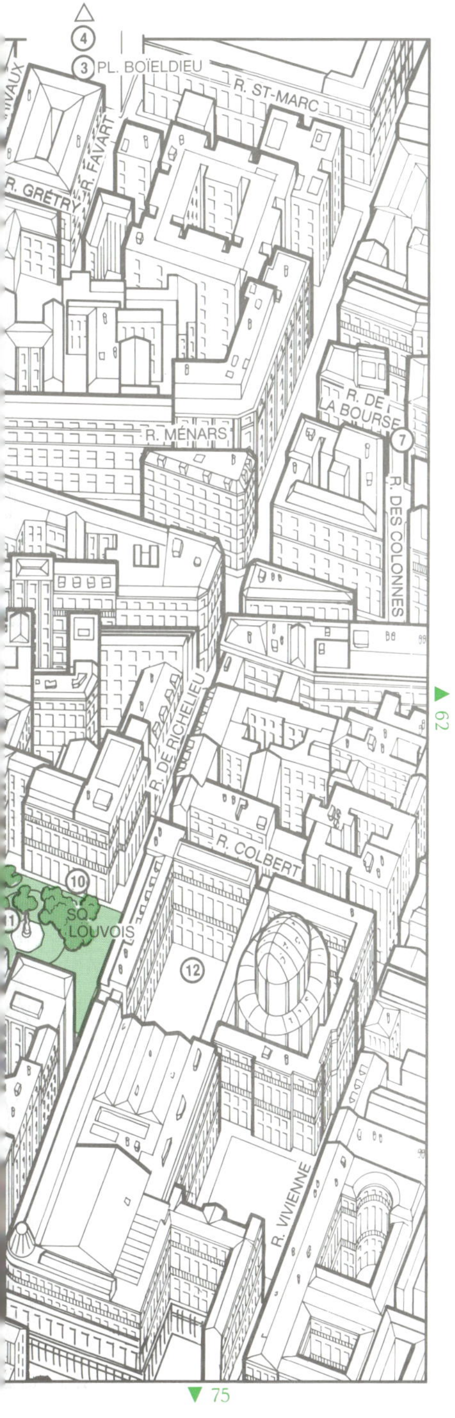

Bibliothèque nationale

① **Drouant** (18 rue Gaillon, **FFF)** ofrece una cocina excelente y clásica pero su reputación mundial se debe a la entrega del Prix Goncourt, el prestigioso premio literario, que cada año tiene lugar en una de las salas, atrayendo siempre un gran número de medios de información. ② La **Fontaine Gaillon,** reconstruida en los años 20 del s. XIX por Louis Visconti, el arquitecto de la tumba de Napoleón *(vea pág. 97),* que representa a un tritón montado en un delfín. ③ Alexandre Dumas hijo, autor de *La dama de las Camelias* e hijo natural del creador de *Los tres Mosqueteros,* nació en la casa de su padre situada en la **place Boïeldieu,** justamente en frente de ④ la **Opéra Comique,** escenario de óperas ligeras y operetas. Este teatro del s. XIX está construido sobre el antiguo emplazamiento del Théâtre des Italiens, la gran mansión en la que el Duque de Choiseul hizo de anfitrión de la troupe de actores italianos, más tarde recordados en ⑤ el vecino **boulevard des Italiens** (fuera del plano), uno de los legendarios "Grands Boulevards" a los que cantaba Yves Montand. ⑥ El **Hôtel Favart** (5 rue Marivaux, **FF)** un oasis en esta zona céntrica y bulliciosa. ⑦ La **rue des Colonnes,** una vista inesperada con sus pesadas columnas soportando una galería, construida a finales del s. XVIII como un pasaje cubierto. ⑧ Gustave Eiffel, el de la torre, diseñó la estructura de hierro del edifico del banco **Crédit Lyonnais.** ⑨ Jacques Offenbach, el inventor de la moderna *opéra bouffe* fue el empresario, a partir de 1855, del teatro **Bouffes parisiens,** donde por primera vez se representó su *Orfeo en los infiernos;* ahora produce obras serias. ⑩ La **square Louvois,** en el sitio del antiguo teatro, donde en 1820 el Duque de Berry fue asesinado durante una representación por un fanático que se había propuesto terminar con los Borbones. ⑪ Unas esculturas que representan a los ríos franceses embellecen la **Fontaine Louvois,** otra obra de Visconti. ⑫ En frente de la fuente está la entrada principal de la **Bibliothèque nationale** cuyos libros pronto serán trasladados a un edificio futurista situado al otro lado del Sena; en la preciosa Galerie Mazarine suele haber exposiciones temporales y en el Cabinet des Médailles et Antiques hay una exposición permanente de monedas, medallas y camafeos. ⑬ La **rue Sainte-Anne** es famosa por sus clubes de gays.

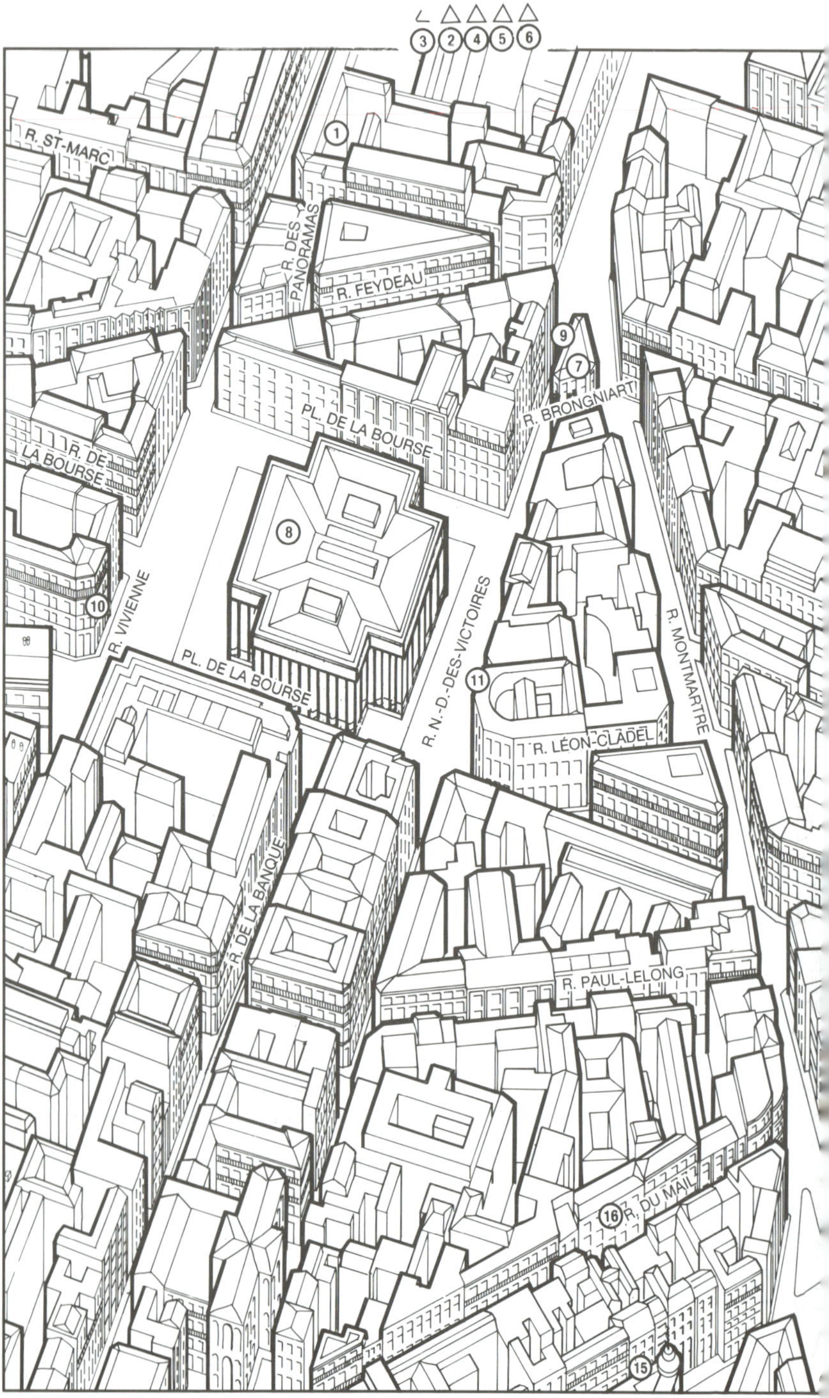

R. ST-MARC
R. DES PANORAMAS
R. FEYDEAU
PL. DE LA BOURSE
R. BRONGNIART
R. DE LA BOURSE
R. VIVIENNE
PL. DE LA BOURSE
R. N.-D.-DES-VICTOIRES
R. MONTMARTRE
R. LÉON-CLADEL
R. DE LA BANQUE
R. PAUL-LELONG
R. DU MAIL

▲ 61

▼ 76

Bourse

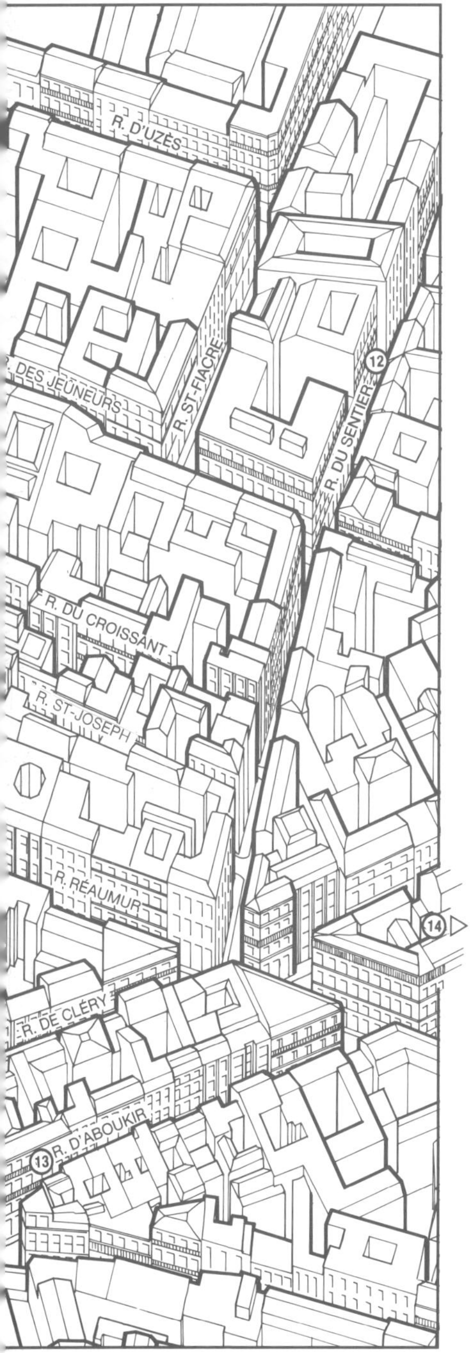

① La **Passage des Panoramas,** una galería comercial del s. XIX con tejado de vidrio llena de tiendas diminutas, restaurantes y salones de té donde el norteamericano Robert Fulton exhibía sus "panoramas" a una audiencia encantada que a continuación solía deleitarse en La *Belle Hélène* de Offenbach en ② el **Théâtre des Variétés** (fuera del plano), cuyas puertas dan a ③ la **Galerie des Variétés,** que se cruza con la Passage des Panoramas y que tiene la misma decoración de mármol falso. ④ Otra atracción interesante, abierta aún hoy en día, y que debe visitarse; es el **Musée Grévin,** el museo de cera de París creado en 1882 por el dibujante Alfred Grévin (10 boulevard Montmartre, fuera del plano). ⑤ Parte de los objetos del museo se exponen en unos escaparates que dan a la **Passage Jouffroy** (fuera del plano), la continuación de la Passage des Panoramas al otro lado del boulevard de Montmartre. ⑥ En el No. 34, **Galerie 34,** una tienda diminuta especializada en bastones antiguos. ⑦ La **rue Brongniart** debe su nombre al arquitecto del ⑧ **Palais de la Bourse** (la bolsa de París, visitas guiadas días laborales por la mañana). ⑨ La clase financiera a veces almuerza en el restaurante pequeño y elegante **Pile ou Face** (52bis rue Notre-Dame-des-Victoires, **FFFF),** mientras que sus hermanos menores, y una animada pandilla de trasnochadores, se dan cita en ⑩ **Le Vaudeville** (29 rue Vivienne, **FFF)** para cenar en esta *brasserie* al estilo de los años treinta o en el ⑪ acogedor **Gallopin** (40 rue Notre-Dame-des-Victoires, **FFF),** todo en caoba y latón ⑫ La **rue du Sentier,** la calle mayor del barrio de la industria del vestido de París conocida como "Le Sentier" ⑬ La **rue d'Aboukir,** una de las varias calles de la zona renombradas para recordar las victorias de Napoleón en Egipto. La egiptomanía se nota también en la entrada a ⑭ la **passage du Caire** (fuera del plano), adornada con unas grandes cabezas de faraones. ⑮ La **iglesia de Notre-Dame-des-Victoires,** comenzada en 1629 y terminada un siglo después, también conmemora la gloria francesa conseguida en las batallas, esta vez bajo Luis XIII que aparece en las pinturas de Van Loo expuestas en el interior de la iglesia, un centro de peregrinos desde el s. XIX y cubierta de decenas de miles de *ex votos.* ⑯ Entre los habitantes ilustres de la **rue du Mail,** se encuentra Franz Liszt que a partir de 1823 vivió más de medio siglo en el No. 13.

▼ 77

AV. RAYMOND-POINCARÉ
R. DE MAGDEBOU
AV. KLÉBER
AV. D'EYLAU
PL. DU TROCADÉRO ET DU ONZE-NOVEMBRE
Trocadéro
AV. ALBERT-1er-DE-MONACO
R. FRANKLIN
1
2
3
4
5
6
8
9
10

Trocadéro

① La **place du Trocadéro,** en el corazón del *arrondissement* dieciséis, uno de los distritos acomodados, conmemora la toma, por parte de los franceses, de una fortaleza en la bahía de Cádiz en 1823. ② Una de las seis avenidas que parten de la plaza, la **avenue Kleber,** lleva el nombre de un general de napoleón asesinado en 1880 en el Cairo por un turco fanático. La plaza está adornada con ③ una **estatua del Mariscal Foch,** otro militar, nacido en 1851. ④ El ala este curvada del **Palais de Chaillot,** construida para la Exposición Universal de 1937, es el hogar del **Théâtre national de Chaillot,** la última encarnación del Théâtre national populaire del gran Jean Vilar, el **Musée de l'Homme** (Museo antropológico) y el **Musée de la Marine,** más un restaurante. ⑤ El **Musée des Monuments français** (Museo de escultura comparada) ocupa una amplia parte del ala oeste que tiene un mágico **Musée du Cinéma** en el sótano, aparte de una de las dos filmotecas de París. ⑥ En la **Esplanade** entre los dos alas (impresionantes vistas de la Torre Eiffel) montan guardia una fila de estatuas, incluyendo una *Flora* de Marcel Gimond. ⑦ **Jardins du Palais de Chaillot** trazados alrededor de un estanque ornamental alargado, animado por fuentes y rodeado de grupos de estatuas. ⑧ La **rue Franklin** conduce al elegante distrito de Passy. ⑨ En el No. 8 está el pequeño **Musée Clemenceau** (fuera del plano), dedicado al hombre de estado francés Georges Clemenceau, apodado ''El tigre''. ⑪ La **Brasserie Le Coq** (2 place du Trocadéro, **FF),** uno de los varios restaurantes y cafés/salones de té elegantes y estratégicamente situados en las aceras.

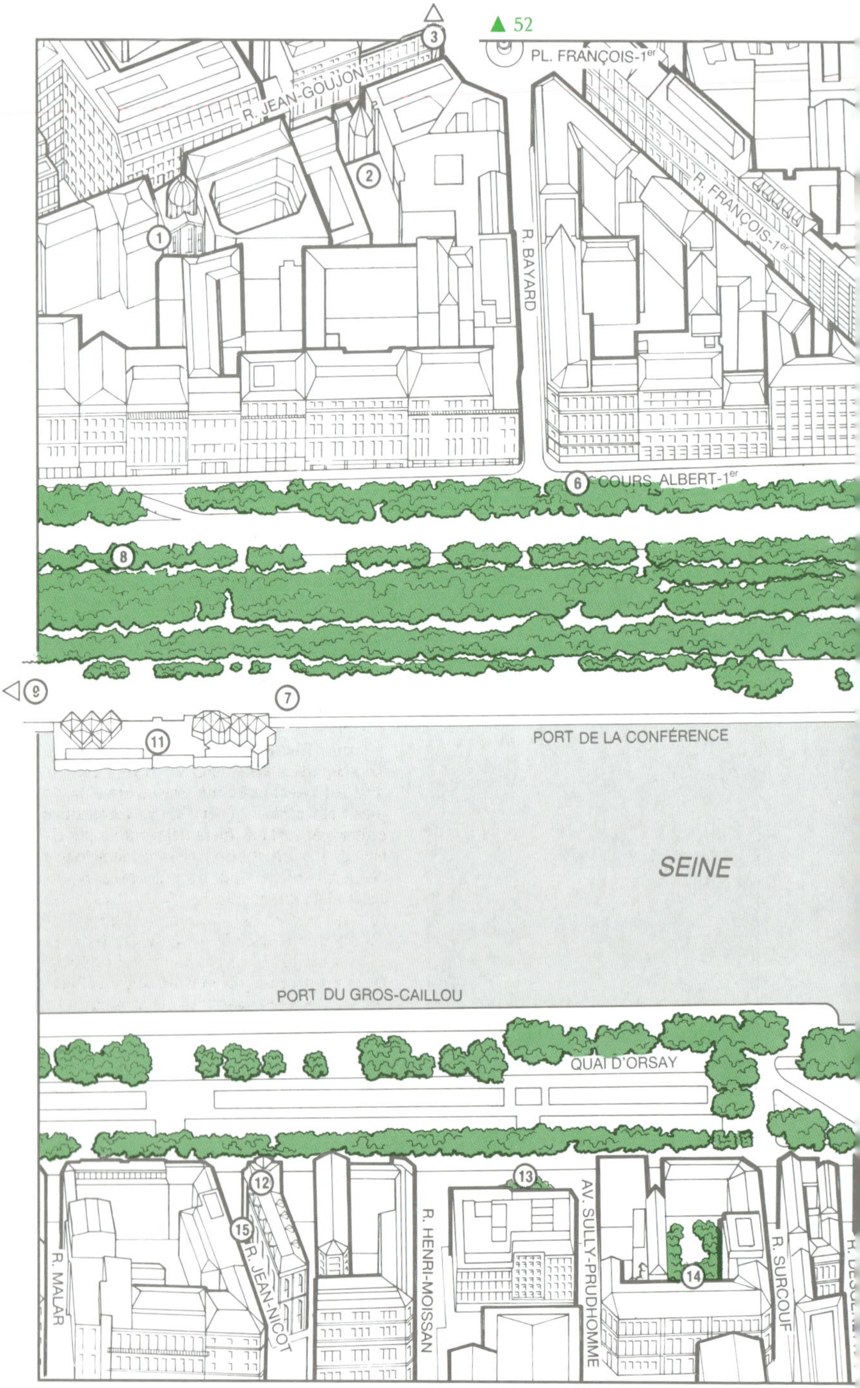
52
PL. FRANÇOIS-1er
R. JEAN-GOUJON
R. FRANÇOIS-1er
R. BAYARD
COURS ALBERT-1er
PORT DE LA CONFÉRENCE
SEINE
PORT DU GROS-CAILLOU
QUAI D'ORSAY
R. MALAR
R. JEAN-NICOT
R. HENRI-MOISSAN
AV. SULLY-PRUDHOMME
R. SURCOUF

▲ 53

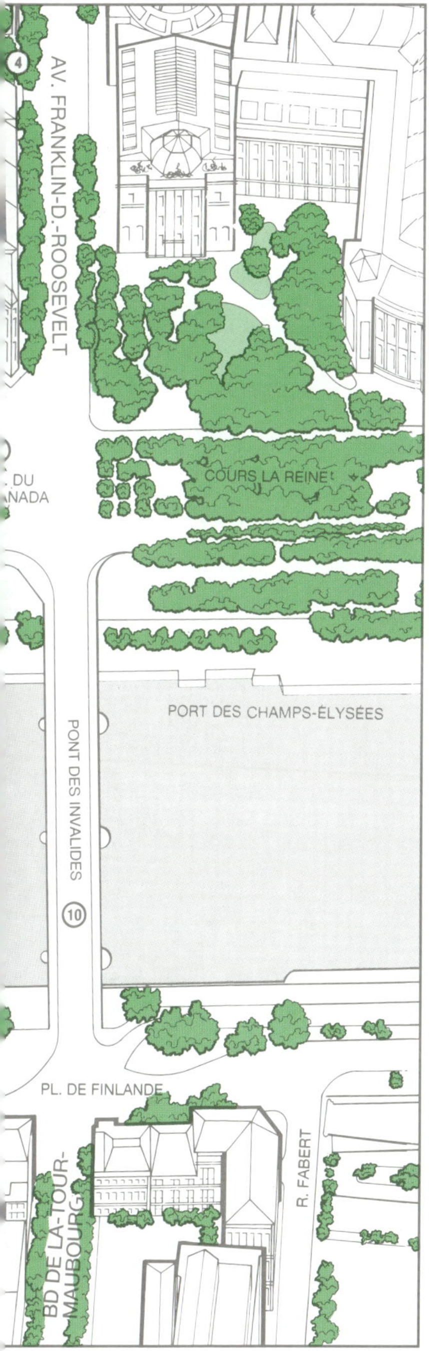

▶ 68

François 1er/Quai d'Orsay

(1) **Notre-Dame de Consolation,** una iglesia construida en 1901 para conmemorar las víctimas de un incendio que años antes había terminado con una fiesta benéfica de la aristocracia, el Bazar de la Charité, que tuvo lugar en un barracón de madera. La prensa de la época destacó que, a pesar de que entre los 1.500 asistentes hubo tantos caballeros elegantes como duquesas y baronesas, de las 125 personas que murieron 120 fueron mujeres - muchas de las cuales habían muerto bajo las pisadas de sus acompañantes. (2) La **Chapelle arménienne** data de 1903. (3) Los dueños del encantador y lujoso **Hôtel San Régis (FFFF,** 12 rue Jean-Goujon) desde luego se pueden permitir el lujo de comer en (4) **Lasserre (FFFF),** uno de los más conocidos restaurantes de lujo de la ciudad alojado en un palacete atractivo rodeado de edificios corrientes. (5) La **place du Canada,** sitio donde daban la vuelta las carrozas que paseaban por esta copia de un corso italiano encargado por la reina María de Médicis, el Cours la Reine, cuya parte oeste cambió de nombre en 1918 a (6) **Cours Albert 1er** en honor al rey belga Alberto I. (7) La conferencia del más alto nivel que dio su nombre al **Quai de la Conférence** tuvo lugar en 1660 y los españoles que a ella acudieron hicieron su entrada por la ya desaparecida ''puerta de la conferencia'' para negociar con el cardenal Mazarin un posible matrimonio entre Luis XIV y la Infanta María Teresa. (8) El **monumento a Adam Mickiewicz,** encargado por el gobierno polaco a Antoine Bourdelle como un regalo al pueblo de París, representa al poeta y patriota polaco. (9) Cuando se reconstruyó el **Pont de l'Alma** (fuera del plano) a principios de los setenta, se conservó tan sólo una de las cuatro estatuas. Esta, el zuavo, representando a un regimiento que combatió en la batalla de Alma en Crimea, la utilizan los parisinos para medir las crecidas del Sena (en 1910 las aguas le llegaron hasta la barbilla). Entre este puente y (10) el **Pont des Invalides,** construido en los años 20 del s. pasado, (11) los **embarcaderos de los Bateaux-Mouches** (barcos de excursión), (12) la **iglesia norteamericana en París,** a uno pasos del (13) moderno edificio de la **embajada surafricana.** (14) El **Seita,** la sede central del monopolio estatal del tabaco emplazado en una antigua fábrica de tabaco; el **Musée de la Seita** (12 rue Surcouf) está dedicado a la historia del tabac, introducido en Francia por un diplomático del s. XVI, homenajeado adecuadamente en (15) la vecina **rue Jean-Nicot,** que dio su nombre a la nicotina.

▲ 54

▲ 67

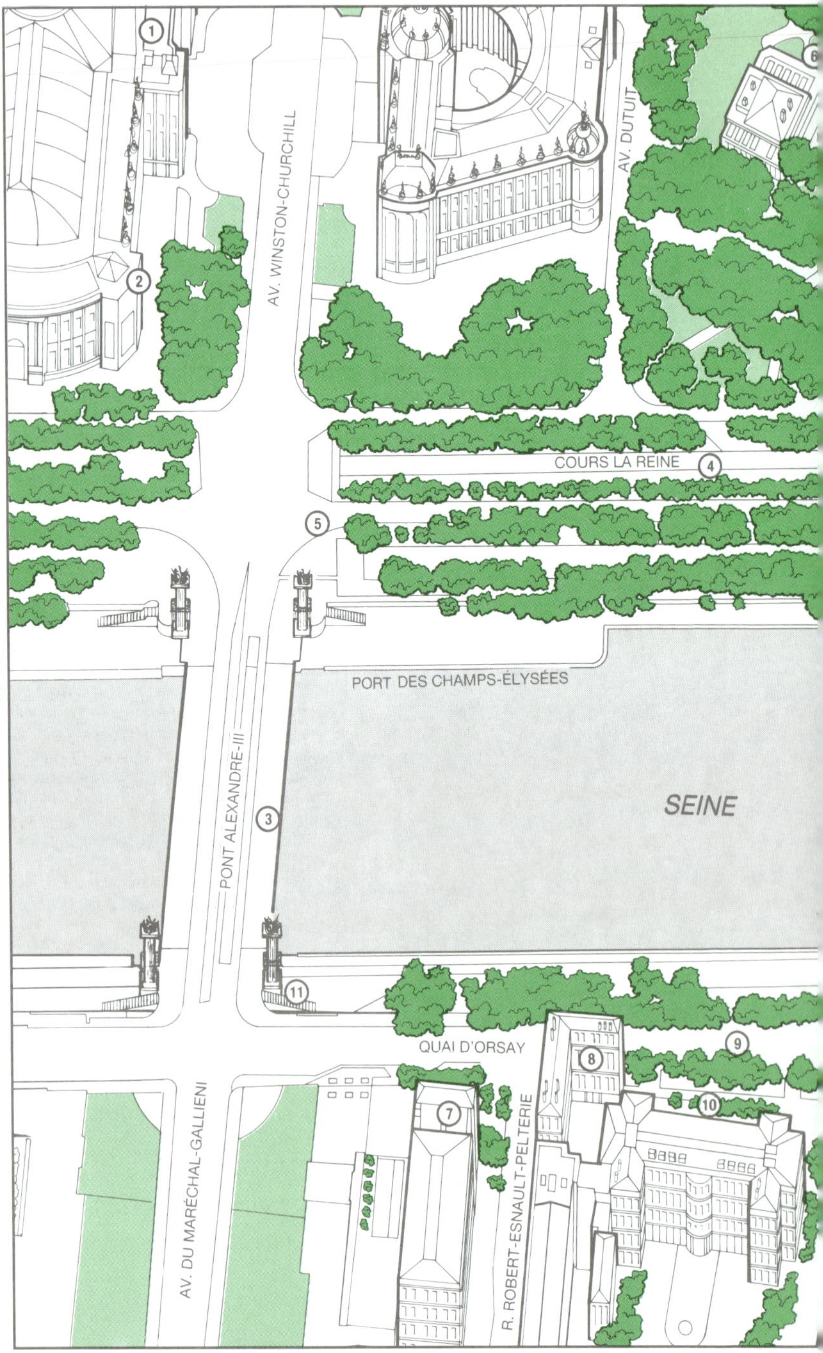
AV. WINSTON-CHURCHILL
AV. DUTUIT
COURS LA REINE
PORT DES CHAMPS-ÉLYSÉES
SEINE
PONT ALEXANDRE-III
QUAI D'ORSAY
AV. DU MARÉCHAL-GALLIENI
R. ROBERT-ESNAULT-PELTERIE
1
2
3
4
5
6
7
8
9
10
11

▼ 80

Cours la Reine/Quai d'Orsay

▲ 55

70 ▶

▼ 81

① La parte sur del Grand Palais se utiliza para celebrar ferias y exposiciones de arte y también acoge una de las nuevas y anónimas universidades de París, la Paris IV. ② La deliciosa **cuadriga** en la esquina sudeste es de un escultor curiosamente muy poco conocido Georges Recipon, que también diseñó y forjó en cobre los grupos escultóricos del centro del ③ **Pont Alexandre III,** sin duda el puente más hermoso de París, adornado con cupidos y farolas. ④ El **Cours la Reine** debe su nombre a la reina María de Médicis, que ideó el trazado de esta avenida de tres carriles que pronto se convirtió en uno de los paseos más elegantes. ⑤ Una **estatua ecuestre de Simón Bolívar** de Emmanuel Frémiet, el escultor que creó a Juana de Arco llevando la bandera situada en la place des Pyramides *(vea pág. 73).* El original fue un encargo del gobierno colombiano; esto fue una copia regalada a la ciudad de París en el centenario de la muerte del Libertador de Suramérica por las naciones hispanas de Bolivia, Colombia, Ecuador, Panamá, Perú y Venezuela. ⑥ El **Restaurant Ledoyen (FFFF),** de alto lujo, comenzó su andadura como un modesto establecimiento hecho de madera que vendía refrescos. ⑦ La **Gare des Invalides,** una bulliciosa estación de la línea C de la RER (desde aquí hacia el oeste van los trenes a Versailles). ⑧ El **Ministère des Relations extérieures** se conoce mejor por el nombre de la orilla del Sena que pasa por debajo de sus ventanas, ⑨ el **Quai d'Orsay.** ⑩ El sitio apropiado, en frente del ministerio, para una **estatua de Aristide Briand,** que fue ministro de asuntos exteriores no menos de quince veces. Un gran orador apodado el ''peregrino de la Paz'' (obtuvo el Premio Nobel en 1926), también fue once veces primer ministro. En la parte de la orilla izquierda (sur) del Pont Alexandre-III se encuentra una escultura de piedra, obra de Laurent Marqueste, un escultor de Toulouse, representando **La Francia de Luis XIV.**

▲ 56

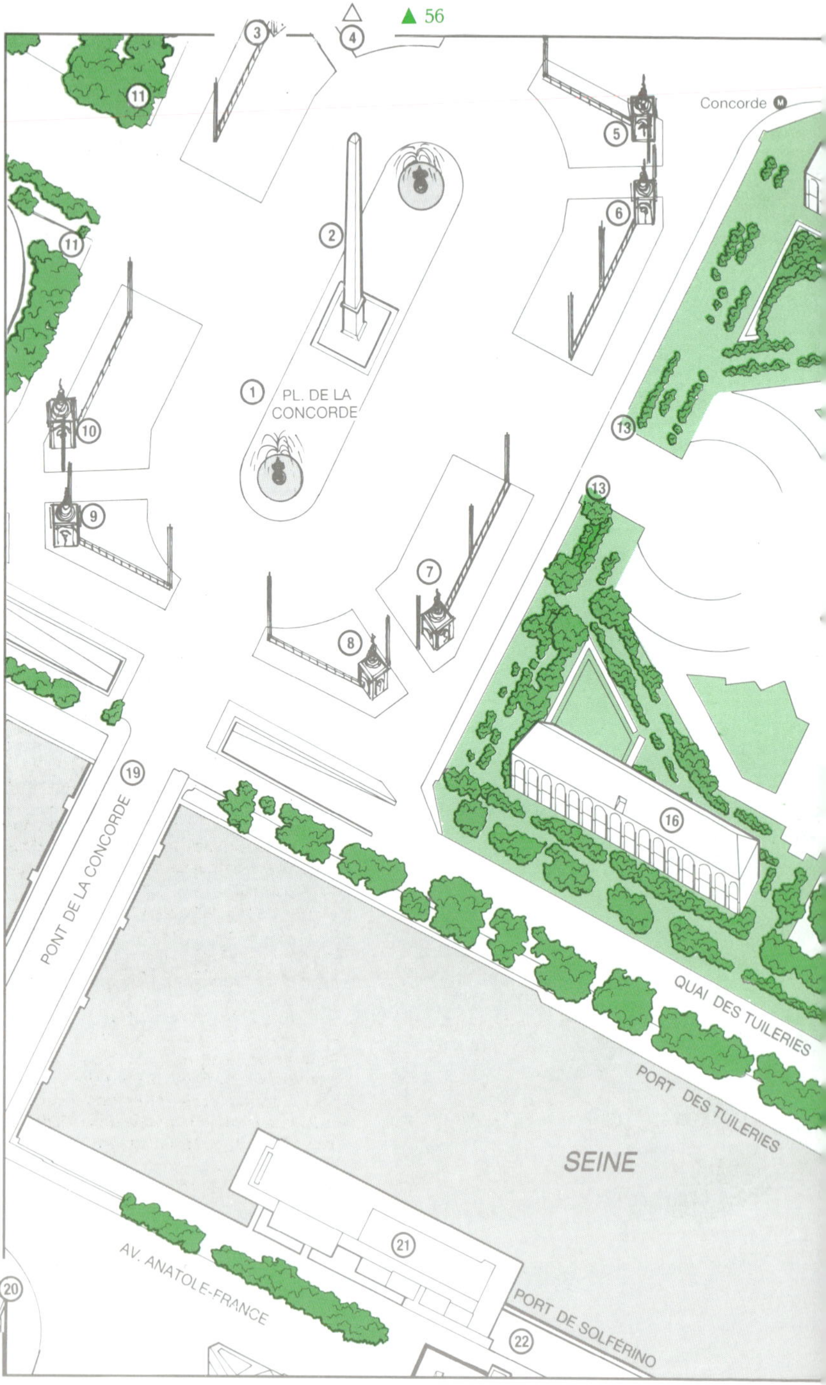

Concorde
PL. DE LA CONCORDE
PONT DE LA CONCORDE
QUAI DES TUILERIES
PORT DES TUILERIES
SEINE
AV. ANATOLE-FRANCE
PORT DE SOLFÉRINO
1
2
3
4
5
6
7
8
9
10
11
13
16
19
20
21
22

▲ 69

▼ 82

Concorde

▲ 57

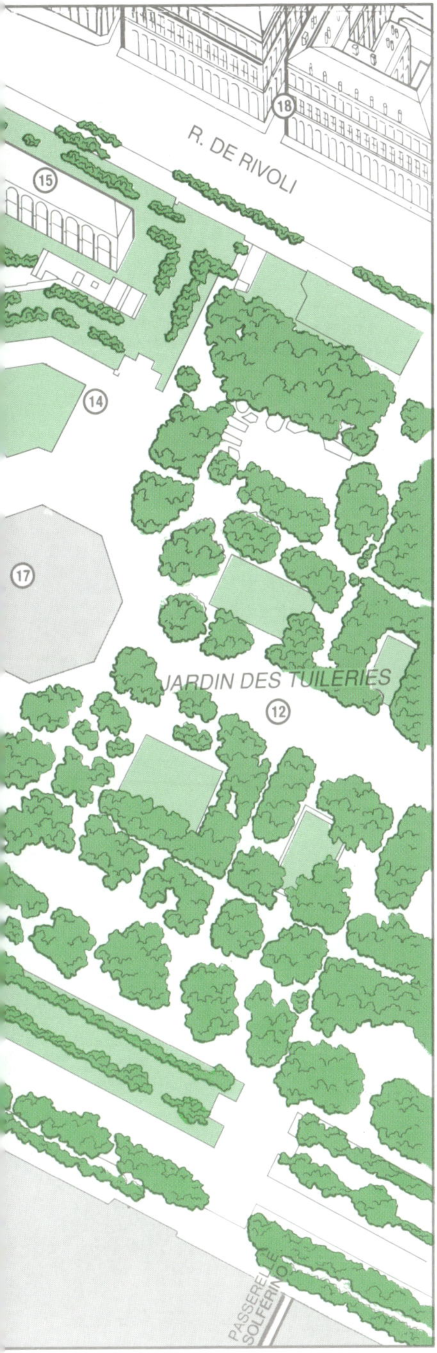

▶ 72

▼ 83

(1) La **place de la Concorde,** de grandiosas proporciones y obra de Jacques-Ange Gabriel que la diseñó en el s. XVIII como **place Louis XV** (cuya estatua estuvo situada en el centro de la plaza. Aunque casi siempre está abarrotada de tráfico, ofrece unas bonitas vistas en todas las direcciones. (2) En su centro ahora se encuentra un **obelisco** traído de Luxor que data de Ramsés III (1198-67 a.C.). Fue un regalo de Egipto al pueblo francés y lo puso aquí Luis-Felipe para sustitutuir a algún controvertido personaje real. En la verja que rodea la plaza se encuentran una serie de figuras alegóricas representando las ciudades más importantes de Francia: (3) **Brest,** (4) **Rouen,** (5) **Lille,** (6) **Estrasburgo** (el modelo de esta figura fue la actriz Juliette Drouet, que durante medio siglo acompañaba a Victor Hugo), (7) **Lyon,** (8) **Marsella,** (9) **Burdeos** y (10) **Nantes.** Juliette Drouet antes había sido la amante de James Pradier, que creó las figuras de Lille y Estrasburgo: las otras —dos por autor— son de artistas menores: Caillouette, Cortot y Petitot. (11) Los **Chevaux de Marly,** un par de caballos por Guillaume Cousteau, originariamente estaba en el gran abrevadero situado en frente del castillo de Marly, al oeste de París. En frente de ellos, en la entrada a (12) los **jardines de las Tullerías,** hay (13) más caballos, esta vez montados por **La Fama** y **Mercurio** que son del tío de Cousteau, Antoine Coysevox que también creó (14) el **busto de André Le Nôtre** (copia del original que está en St-Roch). (15) El museo **Jeu de Paume** albergó hasta la mitad de los 80 los famosos impresionistas de París que ahora están en el Musée d'Orsay *(vea págs. 84-5).* Se está restaurando y va a acoger exposiciones temporales. (16) **L'Orangerie** posee un buena colección de pinturas de finales del s. XIX y principios del s. XX y toda una habitación llena de los Nenúfares de Monet. (17) Barquitos de vela en el **Bassin des Tuileries,** un pasatiempo muy parisino. (18) El **English Bookshop** de Smith & Son's lleva abierto desde 1903 (sus English Tea Rooms desgraciadamente han tenido que ceder el sitio a una nueva planta llena de libros). (19) El **Pont de la Concorde,** un buen sitio para apreciar la tradicional predilección francesa por la simetría; hacia el sur, un reflejo de la fachada clásica de la iglesia de la Madeleine *(vea pág. 57),* se encuentra (20) el imponente **Palais Bourbon,** hogar del parlamento francés (la Assemblée Nationale) desde la Restauración. (21) La **Piscine Deligny,** un sitio muy popular donde el topless es casi obligatorio. (22) **El embarcadero de las excursiones en barcaza al Parc de la Villette** *(vea pág. 19, 29).*

▲ 58

▲ 71

R. ROUGET-DE-L'ISLE
R. DE CASTIGLIONE
R. ST-HONORÉ
R. DU MONT-THABOR
R. D'ALGER
R. DU 29 JUIL
R. DE RIVOLI
JARDIN DES TUILERIES
1
2
3
9
10
11
12
13
14
15

▼ 84

▲ 59

▼ 85

▶ 74

Tullerías

① La rue Rouget-de-Lisle debe su nombre al militar que en 1792 escribió el himno que se convirtió en el anatema nacional francés, *La Marseillaise.* ② Los **Jardines de las Tullerías** en el estilo típico de los jardines franceses diseñados por el jardinero mayor de Luis XIV André Le Nôtre como el primer paso de una larga "vía triunfal" desde el palacio del Louvre hasta St-Germain-en-Laye. ③ El extremo este de los jardines tiene **estatuas de bronce de desnudos femeninos** de Aristide Maillol. Es posible que éstas se vuelvan a colocar en su emplazamiento original (decretado por el ministro de De Gaulle André Malraux) en ④ el **Jardin du Carrousel,** ya que éste se remodelará como parte del proyecto del *"Grand Louvre".* ⑤ El **Pavillon de Marsan** es todo lo que queda del palacio de las Tullerías de Catherine de Médicis (reconstruido). ⑥ Sus pisos superiores fueron convertidos en el **Musée des Arts de la Mode** (entrada por 109 rue de Tivoli), dedicado a la moda y el vestido. ⑦ El **Musée des Arts décoratifs** últimamente ha sido reorganizado prestando ahora más atención al s. XX e incluye también una nueva "Galería Contemporánea" de piezas de diseñadores posteriores a la Segunda Guerra (librería, tienda de regalos de diseño). ⑧ Una **estatua ecuestre de Juana de Arco** por Emmanuel Frémlet, nieto de François Rude cuya escultura de Juana de Arco ahora se expone en el Louvre. ⑨ Fue Napoleón el que le dio el nombre a la **rue de Rivoli,** construida en 1802, para recordar una batalla en la que sus ejércitos vencieron a los austriacos cinco años antes. Un muro a lo largo de ⑩ la **Terrasse des Feuillants** hizo de límite del monasterio de los *Feuillants* (Bernardinos), que también se recuerdan en ⑪ **Le Carré des Feuillants** (14 rue de Castiglione, **FFF-FFFF),** un restaurante de primera clase. ⑫ Alfred de Musset pasó los últimos años de su vida en **6 rue du Mont-Thabor,** muriendo aquí en 1857 en "los venenosos brazos de la musa verde" como Alexandre Dumas poéticamente describió a la absenta. ⑬ El **Hôtel Intercontinental (FFFF),** de gran lujo y conocido por su patio abierto lleno de fuentes. ⑭ El restaurante que hubo en el lugar del **Hôtel Meurice** (cuartel general del comandante nazi en la guerra) vio un homenaje a Robespierre y Saint-Just celebrado el día siguiente a la muerte en la guillotina de María Antonieta. ⑮ **Galignani** (No. 224), una librería anglo-francesa de mucha solera. ⑯ **Saint-Roch** donde están enterrados Le Nôtre y el autor teatral Pierre Corneille.

▲ 60

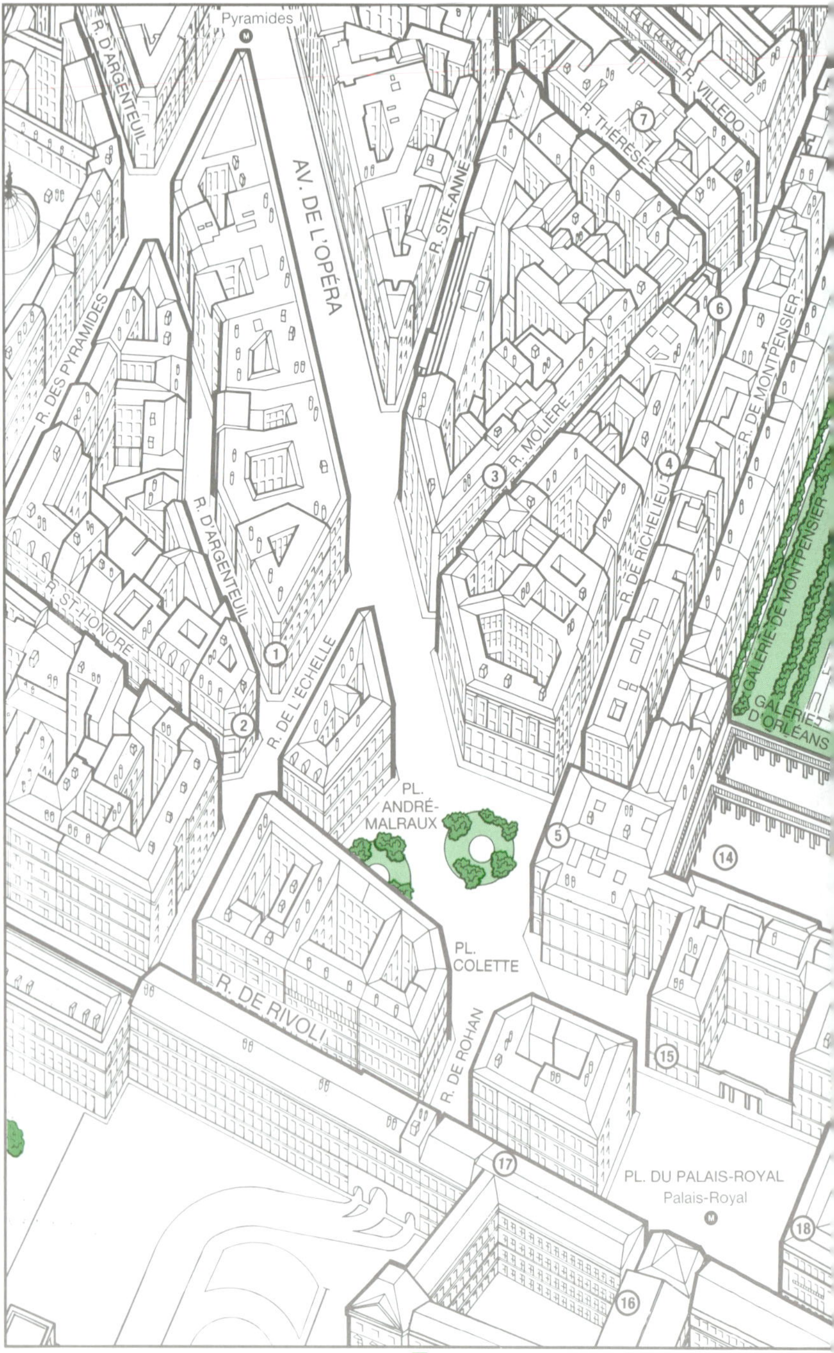
Pyramides
R. D'ARGENTEUIL
AV. DE L'OPÉRA
R. STE-ANNE
R. THÉRÈSE
R. VILLEDO
7
6
R. DES PYRAMIDES
R. MOLIÈRE
3
4
R. DE MONTPENSIER
R. DE RICHELIEU
R. D'ARGENTEUIL
R. ST-HONORÉ
GALERIE DE MONTPENSIER
1
R. DE L'ÉCHELLE
2
GALERIE D'ORLÉANS
PL. ANDRÉ-MALRAUX
5
14
PL. COLETTE
R. DE RIVOLI
R. DE ROHAN
15
17
PL. DU PALAIS-ROYAL
Palais-Royal
18
16

◀ 73

▼ 86

Palais Royal

▲ 61

▼ 87

▶ 76

① **Normandy Hôtel** (7 rue de l'Echelle, **FFF**), un hotel antiguo con un conocido bar de estilo inglés. ② En los años veinte hubo en este sitio, el No. 5, uno de los restaurantes más elegantes de París, bajo la dirección del brillante *chef* Prosper Montagné. ③ La **rue Molière** conduce a ④ la **rue Richelieu** donde, en la casa que hubo en el No. 40, el gran autor murió el 16 de febrero de 1673, tras haberse desmayado en los escenarios del ⑤ **Théâtre français**, fuera de Francia más conocido como la **Comédie française.** En una galería de la parte superior se expone el sillón en el que estaba sentado el autor durante una representación de su obra *Le Malade imaginaire* cuando ocurrió el fatal incidente, tal como está representado en ⑥ la **Fontaine Molière.** ⑦ **Au Bec fin** (6 rue Thérèse), uno de los *café-théâtres* de París. ⑧ **Le Grand Colbert** (passage Colbert, **FF**) una *brasserie* nueva en el estilo tradicional de la Europa Central con su amplia gama de periódicos, situado en una galería (fuera del plano) que también alberga ⑨ una pequeña tienda que vende tarjetas y láminas que reproducen objetos de la vecina Bibliothèque nationale *(vea pág. 61)*. ⑩ La novelista Colette vivió en el **No. 9 de la rue de Beaujolais,** las ventanas de sus habitaciones dan al ⑪ **Jardin du Palais-Royal,** un oasis de paz lleno de árboles situado en el corazón de la ciudad (aunque en los ss. XVIII y XIX fue notorio por sus clubes de juego). Tanto ella como su vecino Jean Cocteau visitaron asiduamente el ⑫ restaurante hermoso y muy conocido **Le Grand Véfour** (17 rue de Beaujolais, **FFFF**). Desde las salas de recepción del ⑬ **Ministère de la Culture et de la Communication** se puede ver ⑭ uno de los "monumentos" más convertidos que encargó el Ministro de Cultura del Presidente Mitterrand, Jack Lang, las **Colonnes de Buren,** una serie de columnas rayadas en mármol negro y blanco, algunas largas, otras cortas, creadas por el escultor Daniel Buren. ⑮ Parte de lo que originariamente fue la residencia del Cardinal Richelieu, que lo legó a su rey Luis XIII —de ahí el nombre "Palacio real"— alberga ahora el **Conseil d'Etat** un cuerpo de la administración del estado cuyos funcionarios superiores tienen mucha influencia. ⑯ Al otro lado de la plaza, la **passage Richelieu** ofrece unas vistas especialmente hermosas de la pirámide del Louvre *(vea pág. 86-7)*. ⑰ El **Aile Richelieu** del Louvre, que albergó el Ministre des Finances hasta que en 1989 fue trasladado a su nuevo edificio a lado del río, está esperando su reapertura en 1993 como museo de pintura. ⑱ El **Louvre des Antiquaires,** un emporio de los anticuarios.

▲ 62

▲ 75

1
2
3
PL. DES PETITS-PÈRES
R. DES PETITS-PÈRES
R. DE LA FEUILLADE
4
7
8
PL. DES VICTOIRES
6
5
9
R. D'ABOUKIR
R. D'ARGOUT
R. ETIENNE MARCEL
R. D'ARGOUT
R. DE LA JUSSIENNE
R. DE LA VRILLIÈRE
R. CATINAT
10
11
R. HEROLD
12
R. CROIX-DES-PETITS-CHAMPS
R. COQUILLIÈRE
R. COQ-HÉRON
R. DU LOUVRE
R. JEAN-JACQUES-ROUSSEAU
R. DU BOULOI
14
15
R. COQUILLIÈRE
R. DU COLONEL-DRIANT
R. DE VIARMES
R. ADOLPHE-JULLIEN
17
ALLÉE LOUIS-ARAGON
13
R. JEAN-JACQUES-ROUSSEAU
R. BERGER
ALLÉE BLAISE-CENDRARS

▼ 88

Les Halles

▲ 63

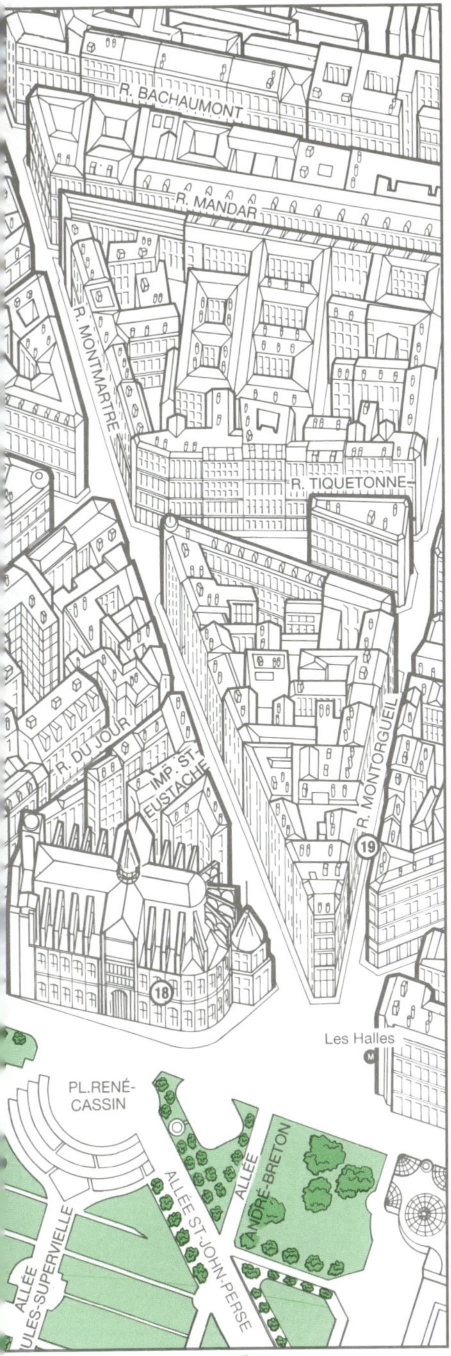

▼ 89

(1) La **place des Petits-Pères,** antes el patio de un monasterio de los Agustinos Descalzos, conocidos como los "padres pequeños" —de ahí el nombre. (2) **Chez Georges** (1 rue du Mail, **FFF**) un *bistrot* con solera. (3) La **Galerie Vivienne** (fuera del plano), un pasaje comercial bonito del s. XIX con un tejado de madera que sigue albergando su original librería y el salón de té *A Priori-thé.* (4) La **rue de La Feuillade** se llama así por el duque-soldado que encargó el original, en mármol, de (5) la **estatua ecuestre de Luis XIV** obra de Joseph Bosio de Mónaco situada en el centro de (6) la **place des Victoires.** Las plantas bajas de sus mansiones, también encargadas por el duque, ahora albergan las *boutiques* de los diseñadores que han convertido la plaza en centro de peregrinación de los que están atentos a la moda; (7) **Victoire,** (8) **Thierry Mugler** y (9) **Kenzo,** entre otros. (10) La **rue La Vrillire** conmemora al propietario de la mansión construida por François Mansart que posiblemente se haya convertido, tras una ampliación considerable, en (11) el majestuoso **Banque de France.** (12) La única **oficina de correos de París abierta por la noche.** (13) La atractiva **Galerie Véro-Dodat,** otra galería comercial del s. XIX, con un restaurante del mismo nombre **(F-FF),** una conocida tienda especializada en muñecas antiguas y, en el No. 16, *Anne,* bufandas y chales de seda. (14) **Au Pied de Cochon** (6 rue Coquillière, **FF),** la más conocida de varias de las *brasseries* que tuvieron la suerte de sobrevivir a la desaparición del vetusto mercado central de abastos, cuyo nombre, Les Halles, también ha sobrevivido. (15) Al arquitecto que diseñó los desaparecidos pabellones del mercado se le recuerda en **Le Pavillon Baltard** (9 rue Coquillière, **FF),** una de las muchas *brasseries,* bares y restaurantes que se establecieron en la zona después de que los parisinos, siempre escépticos, hayan aprobado la remodelación de Les Halles. (16) El **Jardin des Halles** ofrece una bonita vista de (17) la **Bourse du Commerce** (bolsa de mercancías), un edificio circular construido en el lugar de la residencia de Catherine de Médicis de la cual ha sobrevivido un pilar acanalado. Lo único positivo que sacamos de la demolición del mercado es la facilidad con que ahora se puede admirar desde una cierta distancia (18) la fachada neoclásica de la **iglesia de St-Eustache,** aunque su planta es gótica y el interior renacentista. En ella recibió la Primera Comunión Luis XIV y también fue la iglesia parroquial de los trabajadores del mercado que saciaron su sed más mundana en los bares de (19) la **rue** Montorgueil donde se encuentra el famoso restaurante *L'Escargot Montorgueil* (No. 38, **FF-FFF).**

PORT DE LA BOURDONNAIS
PONT D'IENA
QUAI BRANLY
R. DE L'UNIVERSITÉ
ALLÉE PAUL-DESCHANEL
ALLÉE JEAN-PAULHAN
AV. GUSTAVE-EIFFEL
AV. ANATOLE-FRANCE
AV. PIERRE-LOTI
PARC
DU CHAMP
DE MARS
ALLÉE DES REFUZNIKS
ALLÉE LÉON-BOURGEOIS
AV. OCTAVE-GRÉARD
AV. DE SUFFREN
AV. CHARLES-FLOQUET
R. DU GÉNÉRAL-LAMBERT
ALLÉE THOMY-THIERRY
AV. DU GÉNÉRAL-FERRIÉ
R. JEAN-REY
1
2
3
4
5
6
9
10
11

Torre Eiffel

① La **Torre Eiffel,** conocida por los miles de *souvenirs kitsch* y visible, con su altura de más de 300 metros, desde todo París, fue construida para la Exposición Universal de 1889. Planeada como un monumento temporal al centenario de la Revolución Francesa y ridiculizada por los artistas y escritores, pronto se convirtió en tan popular que destruirla resultó impensable. ② La **primera planta** tiene un pequeño museo de la historia de la torre, con una instalación de vídeo, una oficina de correos y una tienda. ③ Siga subiendo a la planta segunda y podrá cenar en el **Jules Verne (FFF-FFFF,** reservar con bastante antelación); y tendrá a París a sus pies. ④ Un **busto de Gustave Eiffel** por Antoine Bourdelle, cerca del *pilar norte.* ⑤ Una **gruta artificial** romántica entre los pilares sur y oeste. Mientras este extremo del ⑥ **Champ de Mars,** en sus orígenes una plaza de armas para los cadetes de ⑦ la **Ecole militaire** (fuera del plano), diseñado a mediados del s. XVIII por Jacques-Ange Gabriel, ahora es un informal *jardin à l'anglaise,* el otro extremo es un *jardin à la française* neto y puro. ⑧ Un establecimiento con solera, **Guignol** (fuera del plano) el teatro de títeres que se disputa la popularidad con los ponis que suben y bajan por los caminos trazados entre los bancales de flores. ⑨ La **avenue de Suffren** (fuera del plano), alineada con bloques elegantes de pisos de la clase alta. ⑩ El **Hilton International Paris (FFFF,** entrada por ⑧ avenue de Suffren), el primer hotel moderno de la ciudad que está en una esquina del barrio de torres altas "Front de Seine" ubicado al lado del río. ⑪ En la misma avenida, pero más abajo, está (fuera del plano) el **Village suisse,** un pequeño enclave de tiendas de antigüedades. ⑫ El **square Rapp** (fuera del plano), una fiesta para los amantes del *art nouveau,* con edificios de Jules Lavirotte, que también diseñó la fachada exuberante del ⑬ **No. 29 avenue Rapp** (fuera del plano). ⑭ Donde la avenida llega al río se encuentra la entrada a **Les Egouts** (fuera del plano), a las famosas (y horripilantes) alcantarillas de París.

⑦ ▲ 68

Invalides (R.E.R.)
Invalides
R. DE L'UNIVERSITÉ
AV. DU MARÉCHAL-GALLIENI
R. DE CONSTANTINE
ESPLANADE DES INVALIDES
PL. DES INVALIDES
R. DE TALLEYRAND
R. DE GRENELLE
BD DES INVALIDES
1
2
3
4
5
6
8
12

▼ 96

▲ 69

▼ 97

▲ 82

Faubourg Saint-Germain/Invalides

(1) La **Esplanade des Invalides,** trazada a principios del s. XVIII por Robert de Cotte, el cuñado y alumno de Jules Hardouin-Mansart, el arquitecto del Hôtel des Invalides *(vea pág. 96-7)* a quien sucedió como *premier architecte du roi.* (2) Mirando sobre la **place des Invalides,** una batería de cañones de bronce guarda la entrada al jardín que está enfrente de Les Invalides. En (3) la **rue de Constantine,** un pequeño enclave de la promoción de la cultura angloparlante formada por (4) el **Canadian Cultural Centre** (No. 5), (5) las oficinas parisinas del **British Council** que incluyen una biblioteca, y (6) el adjunto **British Institute** (Nos 9-11). (7) El **Terminal Invalides** del servicio de autobuses de Air France que conectan con el aeropuerto de Orly tiene un buen restaurante, **Chez Françoise (FF-FFF),** a donde acuden los funcionarios del cercano Ministerio de Asuntos Exteriores. (8) La **rue de l'Université,** que se extiende hacia St-Germain-des-Prés y que está alineada con mansiones aristocráticas, muchos de los cuales ahora son ministerios. (9) La **place du Palais-Bourbon,** de finales del s. XVIII, cuya tranquilidad a veces se ve alterada por los grandes coches oficiales precedidos de motoristas que los escoltan hacia el patio del (10) **Palais Bourbon,** sede del Parlamento, la Assemblée Nationale. Muchos de los personajes importantes que viajan de esta manera disfrutan de los almuerzos que se sirven en (11) **Chez Marius** (5 rue de Bourgogne, **FF-FFFF),** donde el entorno está a la altura de los clientes y la cocina es generalmente clásica. (12) El **Grand Hôtel de Mónaco,** construido en los años 70 del s. XVIII por Alexandre-Théodore Brongniart, el arquitecto neo-clásico de la Bolsa *(vea pág. 63),* para la ex-mujer de Honoré Grimaldi, Príncipe de Mónaco, albergó, en distintos tiempos, las embajadas de Turquía, Austria y, hasta 1907, Polonia. (13) El **Hôtel de Noirmoutiers,** de finales del s. XIX, vio en 1929 la muerte del general de la Primera Guerra, Mariscal Foch; ahora es la sede del Institut géographique national que publica los excelentes mapas IGN de Francia.

▲ 70

▲ 81

3
R. DE COURTY
Chambre-des-Députés
R. DE L'UNIVERSITÉ
6
R. DE LILLE
R. DE SOLFÉRINO
4
1
BD ST-GERMAIN
R. ST-DOMINIQUE
SQ ROUSSEAU
R. CASIMIR-PÉRIER
Solférino
R. LAS-CASES
Solférino
5
R. DE BELLECHASSE
2

▼ 98

▲ 71

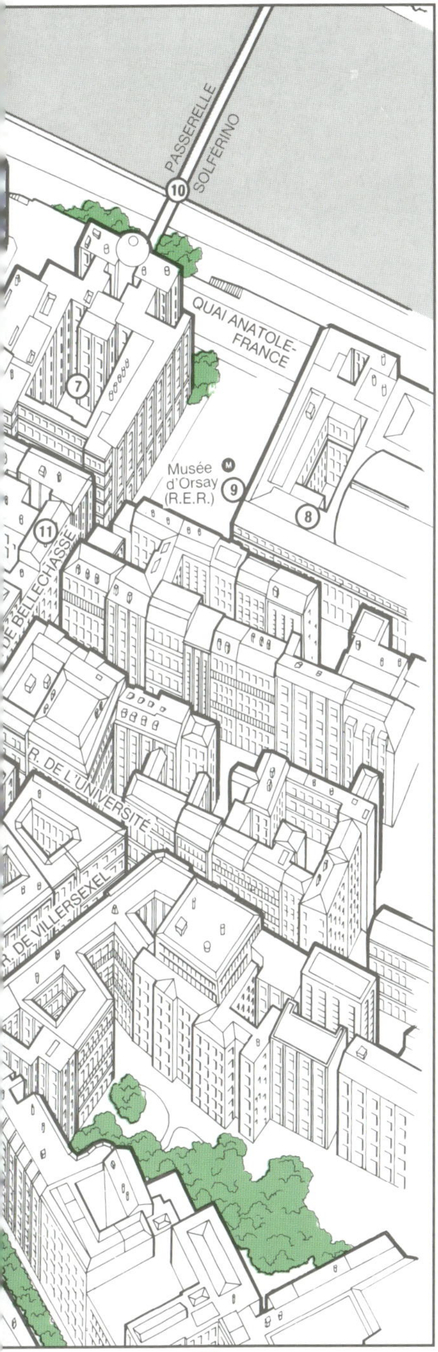

▶ 84

▼ 99

Musée d'Orsay

① En 1866, los obreros del Barón Haussmann comenzaron a trazar el **boulevard St-Germain** a través de las antiguas calles de la orilla izquierda. Unas cuantas mansiones bonitas sobrevivieron a la fiebre demoledora de la época, entre ellas ②, en el No. 217 del bulevar, lo que ahora es la **Maison de l'Amérique latine** cuyo restaurante **(FFF)** le ofrece la posibilidad de comer a la sombra de los árboles de su jardín. ③ El **Institut néerlandais** (entrada por 121 rue de Lille), cuya colección de pinturas neerlandesas y alemanas está abierta al público. ④ El **Ministère de la Défense** uno de los muchos edificios oficiales en el Faubourg St-Germain. Gustave Doré vivió durante más de 30 años en ⑤ el **Hôtel de Tavannes** (5 rue St-Dominique) y murió aquí en 1883. ⑥ El **Hôtel de Beauharnais** (78 rue de Lille), diseñado en 1714 por el más importante arquitecto francés del período rococó, Gabriel Germain Boffrand, y generosamente decorado por los hijastros de Napoleón, Eugène de Beauharnais y Hortense, reina de los Países Bajos, ahora es la residencia del embajador alemán. ⑦ El **Hôtel de Salm,** donde Madame de Staël tuvo su brillante salón político, alberga el **Musée de la Légion d'honneur** (entrada por 2 rue de Bellechasse): una fiesta para todos los interesados en medallas y en la historia de la pequeña escarapela roja que distingue a los portadores de la más alta condecoración civil y militar francesa, ideada por Napoleón en 1802. En frente del museo, con un caballo, un elefante y un rinoceronte de bronce flanqueando su entrada, está ⑧ su gran hermano, el **Musée d'Orsay,** antes una estación de ferrocarril y ahora un museo muy popular dedicado a Bellas Artes y las Artes Aplicadas entre 1848 y 1914 (Café des Hauteurs, **F,** en la planta superior comidas ligeras, un restaurante completo, **FF,** con una maravillosa decoración del s. XIX en la planta primera). ⑨ La **estación de la RER** cercano al museo (entrada por rue de Bellechasse) es punto de partida para una excursión a Versailles (línea C, trenes cuyo nombre comience con la letra V). ⑩ La **passerelle Solférino,** un puente peatonal que cruza el Sena hacia los jardines de la Tullerías. La rue de Bellechasse tiene dos pequeños restaurantes muy bien situados para comer antes o después de visitar el Musée d'Orsay: ⑪ **Le Crik** (No. 8), comidas ligeras desde el mediodía hasta las 8 horas; y **Aux Petits Oignons (FF,** No, 20), horario normal.

▲ 72

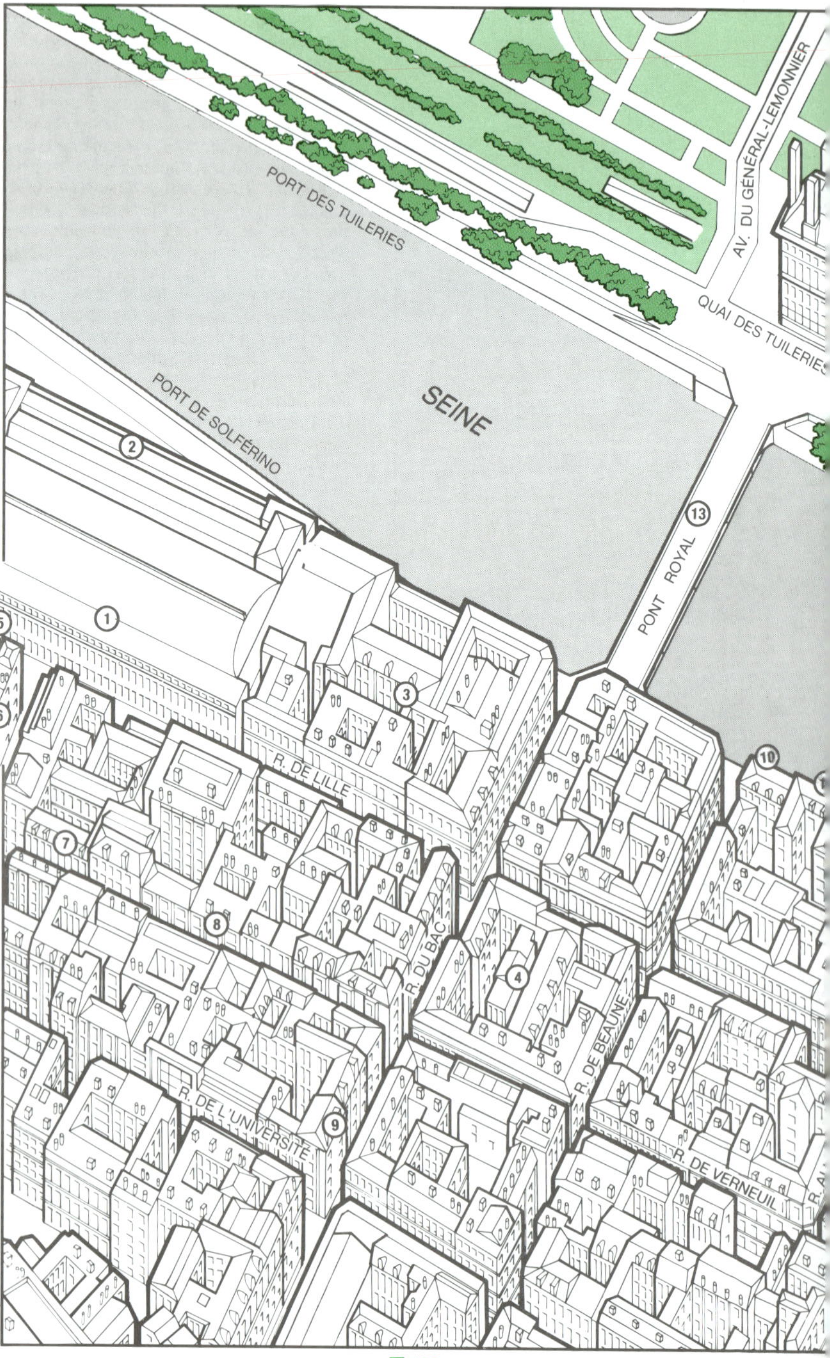
PORT DES TUILERIES
AV. DU GÉNÉRAL-LEMONNIER
QUAI DES TUILERIES
SEINE
PORT DE SOLFÉRINO
PONT ROYAL
13
2
1
5
6
3
10
R. DE LILLE
7
8
R. DU BAC
4
R. DE BEAUNE
R. DE L'UNIVERSITÉ
9
R. DE VERNEUIL

▲ 83

▼ 100

▲ 73

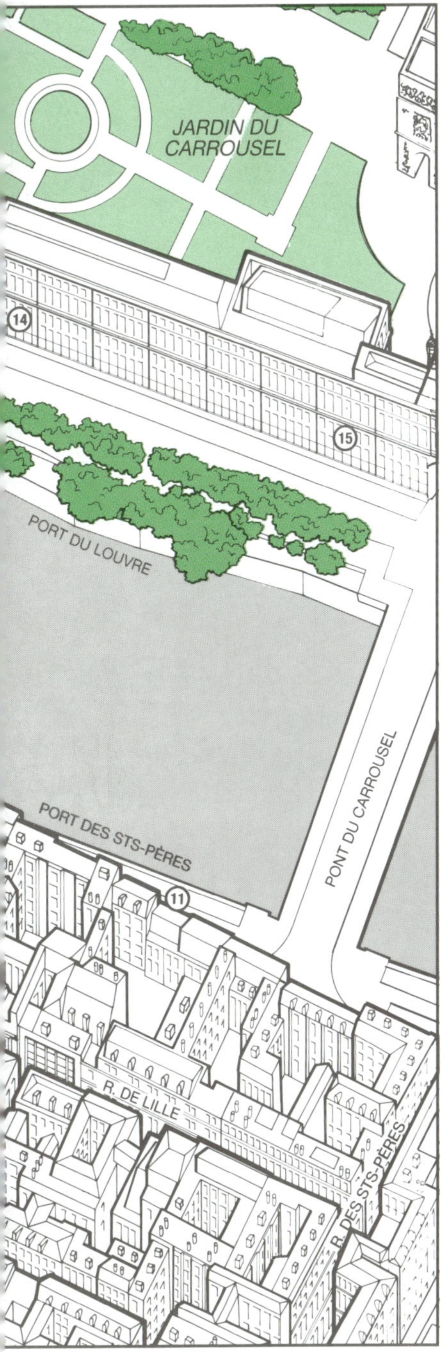

▶ 86

▼ 101

Carré Rive Gauche/ Louvre/Tullerías

① La fachada monumental de la vieja **Gare d'Orsay** (ahora el Musée d'Orsay, *vea pág. 83),* diseñada por Victor Laloux a finales del s. XIX. ② Las famosas **colecciones impresionistas,** antes expuestas en la Jeu de Paume *(vea pág. 71),* están ahora en este museo que se asoma al Sena, enfrente tiene una explanada (vistas hacia Montmartre). ③ La **Caisse des Dépôts et des Consignations,** reconstruida tras el incendio que sufrió en 1871 durante la Comuna, se encuentra en una mansión, obra de Robert de Cotte a principios del s. XVIII; unos cien años más tarde, George Sand y Sainte-Beuve fueron clientes habituales del Café d'Orsay de la plante baja. ④ Las numerosas pequeñas tiendas de antigüedades de la zona que comprende la rue du Bac, la rue de Lille, la rue des Saints-Pères y la rue de l'Université se autodenominan el **Carré Rive Gauche.** ⑤ El **Solférino** en **91 rue de Lille, FF** (fuera del plano), un hotel pequeño, muebles bonitos. ⑥ El **Hôtel d'Avejan** (11 rue de Poitiers), una agradable mansión del s. XVIII que ahora alberga el Centre national des Lettres, con ⑦ el **Café des Lettres** (entrada por 53 rue de Verneuil, **F-FF)** donde sirven comidas ligeras. ⑧ La cocina vietnamita más elegante de la ciudad, sorprendentemente acompañada de una de las mejores cartas de vinos, en **Tan Dinh** (60 rue de Verneuil, **FFF).** Y chocolates excelentes en ⑨ **Christian Constant** (26 rue du Bac). ⑩ Es verdad que en el **quai Voltaire** estaba una de las casas del autor; en los años 20 del s. XVIII vivió durante un año en el No. 27, en el **Hôtel de Villette,** medio siglo más tarde, a la edad de 83 años volvió, muriéndose aquí a los pocos meses. Mas esta no es la única referencia literaria del quai: Baudelaire escribió parte de su "*Les Fleurs du Mal*" en ⑪ el No. 19, donde tres años más tarde se alojó Wagner, y Alfred de Musset estuvo durante diez años en el No. 25. ⑬ El **Pont Royal** cedió a los bloques de hielo en 1684 y fue reconstruido al año siguiente, pagándolo de su bolsillo Luis XIV, los planos son de Mansart y Gabriel. Conduce al ⑭ **Pavillon de Flore,** cuya primera piedra la puso Charles IX, aunque el conjunto de ⑮ **Galerie du Bord de l'Eau** fue una idea de su madre Catherine de Médicis para unir el Louvre y su palacio de las Tullerías, ahora desaparecido.

▲ 74

▲ 85

7
6
PL. DU CARROUSEL
5
1
2
4
8
QUAI DU LOUVRE
PORT DU LOUVRE
SEINE
9
PASSERELLE DES ARTS
PORT DES STS-PÈRES
QUAI MALAQUAIS
R. BONAPARTE
PL. DE L'INSTITUT
10
12

▼ 102

El Louvre

▲ 75

▶ 88

▼ 103

① La **Pirámide del Louvre,** de acero y cristal (obra del arquitecto chino/norteamericano I. M. Pei), es el más controvertido monumento del París de los ochenta y forma la entrada al ② ala principal del **Museo del Louvre,** tal vez la colección de arte más amplia del mundo, y a los cimientos recién excavados de la fortaleza medieval del Louvre, situados debajo del ③ **Cour Carrée,** un resto del palacio real de François I. ④ El **Pavillon de l'Horloge,** construido durante el reinado de Luis XIII, tiene su continuación hacia el sur en un ala, obra de Pierre Lescot y decorado con frisos del escultor renacentista Jean Goujon, a quien se conoce más por la simpática Fontaine des Innocents que está al lado de Les Halles *(vea pág. 91).* ⑤ Una réplica en plomo de una estatua ecuestre en mármol de Luis XIV, obra de Bernini. A instancias del Rey Sol tuvo que convertirla en la figura del general romano Marcus Curtius abriéndose paso a través de las llamas para salvar a la república. ⑥ La **place du Carrousel** debe su nombre a los torneos y desfiles ecuestres del s. XVII. ⑦ En su corazón, el **Arc de Triomphe du Carrousel,** construido para celebrar las victorias en las batallas de Austerlitz y Jena y coronado ahora por una cuadriga de bronce del escultor monegasco François Joseph Bosio, que también creó la estatua ecuestre de Luis XIV de la place des Victoires *(vea pág. 77).* ⑧ La **Galerie du Bord de l'Eau,** encargada por Catherine de Médicis para unir el Louvre con su palacio de las Tullerías (ahora desaparecido). ⑨ La **Passerelle des Arts,** con románticos naranjos plantados en cubos, es la última reconstrucción del puente de peatones que generaciones de enamorados conocen como el Pont des Arts y que se cayó en los años 80 cuando una barcaza se llevó uno de sus pilares. ⑩ Desde el puente se tienen bonitas vistas de la cúpula reluciente del **Palais de l'Institut,** construido (principalmente por Louis Le Vau) a mediados del s. XVII, donde se alojan las cinco academias que constituyen el Institut de France; la más famosa es la Académie française, cuyos lexicólogos luchan contra la contaminación de la lengua francesa. ⑪ Los **bouquinistes** (puestos de libros de segunda mano) se instalan casi todas las tardes a orillas del Sena. ⑫ Exposiciones temporales interesantes se pueden ver en la **Ecole nationale supérieure des Beaux-Arts.** ⑬ *(vea 1 en pág. 89).*

▲ 76

R. DE L'ORATOIRE
R. ST-HONORÉ
R. VAUVILLIERS
R. DES PROUVAIRES
10
11
2
R. DU LOUVRE
R. BAILLEUL
R. JEAN-TISON
R. DU ROULE
R. PERRAULT
Louvre
1
R. DE RIVOLI
R. DE L'AMIRAL-DE-COLIGNY
R. DE L'ARBRE-SEC
R. DU PONT-NEUF
PL. DU LOUVRE
R. BAILLET
R. DE LA MONNAIE
R. BOUCH
3
R. DES PRÊTRES-ST-GERMAIN-L'AUXERROIS
R. DES BOURDONNAIS
4
ST-GERMA
QUAI DU LOUVRE
PL. DE L'ECOLE
7
QUAI DE LA MÉGISS
5
PONT NEUF
SEINE
VOIE GEOR
6

◁ 2

◁ 1

▲ 87

▼ 104

▲ 77

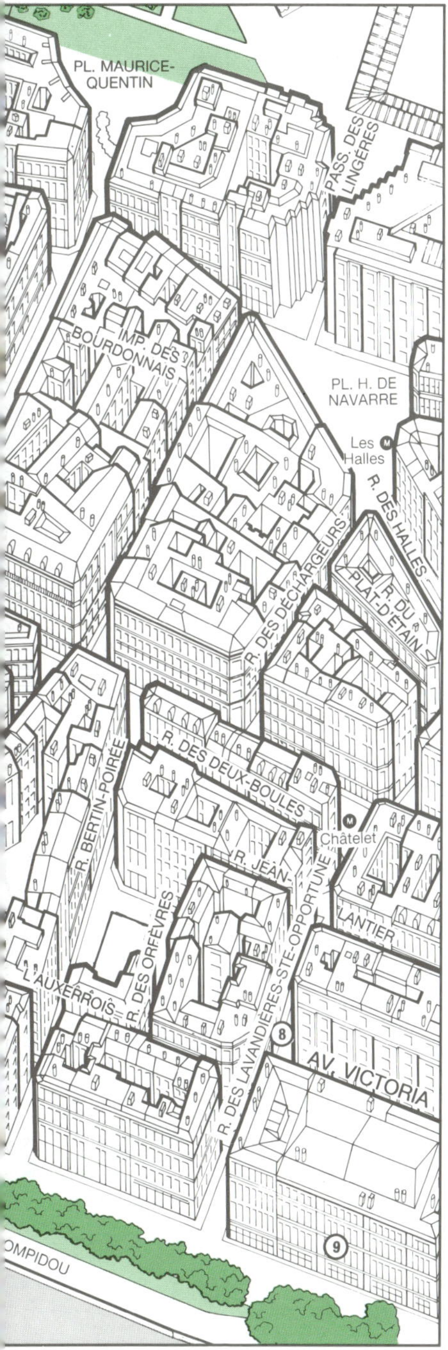

▼ 105

90 ▶

St-Germain-l'Auxerrois

① La **columnata del Louvre,** un buen ejemplo de la arquitectura francesa clásica *(vea 13 en pág. 87),* diseñada por Claude Perrault, el hermano arquitecto del autor de *Cenicienta* y de otros cuentos de hadas. ② **Estatua del almirante Gaspard de Coligny,** que murió durante la infame ''masacre de San Bartolomeo'' (23 de agoste de 1572) instigada por Catherine de Médicis. ③ La señal para el inicio del horrible asesinato de más de 3.000 protestantes se dio desde el campanario de **St-Germain-l'Auxerrois,** durante muchos años la iglesia parroquial de los reyes de Francia. ④ **La Samaritaine,** un gran almacén extenso, de cuyo ático se tienen unas maravillosas vistas del Sena y de la orilla izquierda, fundado por Ernest Cognacq, quien junto con su mujer Louise Jay reunió una gran colección de arte del s. XVIII que luego pasó a formar el núcleo del Musée Cognacq-Jay *(vea pág. 95).* ⑤ El nombre del comercio proviene de un escultura que representa a Jesús al lado de las mujeres de Samaría y que adornó un edificio alto que estaba al lado del **Pont Neuf,** puente cuya construcción se comenzó en 1578 y que estaba edificado con casas. ⑥ Uno de los embarcaderos de los barcos de excursión por el Sena *(vea pág. 19)* está en el **square du Vert-Galant,** un sitio donde suelen acudir los enamorados. ⑦ El **Quai de la Mégisserie,** el rincón de los animales de compañías de París —una larga hilera de tiendas vendiendo pájaros, conejos y pececitos. ⑧ **Le Châtelet Gourmand (FF,** 13 rue des Lavandières-Ste-Opportune), un *bistrot* alegre y pequeño, muchas veces abarrotado de gentes del ⑨ Théâtre du Châtelet, un gran teatro del s. XIX conocido por sus *musicales.* ⑩ **Le Louchébem (FF,** 10 rue des Prouvaires), especializado en carne —ya que su nombre significa ''carnicero'' en el argot parisino que se habla en y cerca del antiguo mercado de abastos y que los filólogos conocen como el *''argot de los carniceros''.* ⑪ En la misma calle (No. 5) **La Tour de Montlhéry (FFF),** otro *bistrot* concurrido que evoca algún resto de la atmósfera de las antiguas Halles.

R. DE LA COSSONNERIE
R. PIERRE-LESCOT
R. QUINCAMPOIX
R. DE VENISE
R. BERGER
R. DES INNOCENTS
R. DE LA FERRONNERIE
R. ST-DENIS
R DE LA REYNIE
R. AUBRY-LE-BOUCHER
BD DE SEBASTOPOL
R. ST-MARTIN
R. COURTALON
R. DES HALLES
R. DES LOMBARDS
R. NICOLAS-FLAMEL
R. PERNELLE
R. DE RIVOLI
R. ST-BON
Sq. de la Tour-St-Jacques
AV. VICTORIA
PL. DU CHÂTELET
R. DE LA COUTELLERIE
1
2
3
4
5
6
7
8
16
17
18
19
▲ 89
▼ 106

▶ 92

▼ 107

Les Halles/Beaubourg/ Châtelet

① El **Forum des Halles,** ún centro de compras y de diversión hecho de hormigón y cristal, ha sustituido la parte este del antiguo mercado de abastos. ② La **Fontaine des Innocents,** una fuente renacentista adornada con ninfas acuáticas de Jean Goujon. La plaza que la rodea se llena día y noche de una animada muchedumbre. Muchos se dedican al juego de "ver y dejarse ver" sentados en la estratégicas mesas del ③ **Café Costes,** dispuesto en el estilo de los 50 por el diseñador tan *chic* Philippe Starck. ④ **Le Bistro d'Eustache** (37 rue Berger, fuera del plano, **FF),** uno de los muchos restaurantes animados que hay cerca de Les Halles. ⑤ Enrique IV fue asesinado el 14 de mayo de 1610 en frente de **11 rue de la Ferronnerie** por un maestro de escuela llamado Ravaillac. ⑥ La **rue St-Denis,** durante siglos una zona de mala fama, ahora está llena de restaurantes "en boga" como ⑦ **Joe Allen** (30 rue Pierre-Lescot, **FF),** repleto de nostálgicos norteamericanos "exiliados" y franceses a la altura de la moda. También de moda está ⑧ **Pacific Palisades** (51 rue Quincampoix, **FF).** ⑨ **El estudio de Constantin Brâncuși's** se puede visitar en la esquina norte de ⑩ la **Piazza,** una zona llena de gente que hace teatro en la calle, animando así la espera de los que pretenden entrar en ⑪ el **Centre national d'Art et de Culture Georges-Pompidou,** más conocido como el Centre Beaubourg, que alberga el **Musée national d'Art Moderne.** Hace años hubo discusiones acaloradas sobre la validez de su planteamiento de invertir todos los canones de la arquitectura tradicional pero ahora se le considera un edificio más. ⑫ El **Quartier de l'Horloge** tiene un reloj de gran tamaño *El defensor del Tiempo* cuyos autómatas se pelean cuando suena la hora. ⑬ **L'Ambassade d'Auvergne** (fuera del plano, en 22 rue du Grenier-Saint-Lazare, **FF),** un sitio de fiar donde degustar comida casera del Massif Central. ⑭ La **Fontaine Maubuée,** del s. XVIII y decorada con plantas acuáticas y el orgulloso velero que aparece en el escudo de armas de la Ciudad de París. ⑮ Esculturas animadas y coloreadas, un brillante trabajo de Jean Tinguely y Niki de Saint-Phalle, forman la **Fontaine Stravinsky,** ubicada en una plaza dominada por ⑯ **St-Merri,** iglesia construida en estilo gótico tardío y ricamente decorada que, sin embargo, data de principios del s. XVII. ⑰ **Le Chant des Voyelles,** una pieza complicada del escultor cubista Jacques Lipchitz. ⑱ **La Cloche à Fromages** (25 rue de La Reynie, **F-FF),** especializada, como ya lo indica el nombre, en quesos. ⑲ La **Tour Saint-Jacques,** un buen ejemplo del gótico flamígero.

R. DES HAUDRIETTES
R. DE BRAQUE
PASS. STE-AVOIE
R. RAMBUTEAU
R. DU TEMPLE
R. SIMON-LE-FRANC
R. PECQUAY
R. DES BLANCS-MANTEAUX
R. DES ARCHIVES
R. DES FRANCS-BOURGEOIS
R. DU PLÂTRE
SQ. CH. LANGL
R. STE-CROIX-DE-LA-BRETONNERIE
R. AUBRIOT
R. DES GUILLEMITES
R. DE MOUSSY
R. DU BOURG-TIBOURG
R. DE LA VERRERIE

▲ 91

▼ 108

Los Archives Nationales

▶ 94

▼ 109

① En el estrecho impasse Berthaud está el museo tal vez más encantador de los museos especializados de París, el **Musée des Instruments de Musique mécanique,** dedicado a los organillos, fonógrafos y pianillos, todos ellos en perfecto estado. ② Tras una restauración a fondo, el **Hôtel de St-Aignan,** construido en 1640 para el Comte d'Avaux, embajador francés en los Países Bajos, Venecia, Gran Bretaña y Suecia, albergará el **Musée d'Art juif** (Arte Judío), antes ubicado en Montmartre. El **Hôtel de Montmor** data de un par de décadas antes; Descartes y Molière frecuentaron esta antigua academia literaria. ④ En el No. 3 de la rue Volta (fuera del plano), la **casa más antigua de París,** de 1292. ⑤ La **Fontaine des Haudriettes,** del s. XVIII y adornada con un náyade de Mignot. ⑥ El **Connétable** (55 rue des Archives, **FF)** ofrece buena cocina (sobre todo pescado) y canciones francesas tradicionales en los sótanos de una casa que antes perteneció al Cardenal de Retz, el responsable de la rebelión de la Fronda en 1648. ⑦ Pero el restaurante debe su nombre a un caballero famoso, el Connétable Olivier de Clisson, que combatió al lado del gran Du Guesclin: el **portal gótico de su casa señorial** ha sobrevivido en el No. 58 de la rue des Archives. ⑧ El **Hôtel Guénégaud,** diseñado por François Mansart, ahora el **Musée de la Chasse et de la Nature** (Caza y Naturaleza) cuyo jardín se puede ver desde ⑨ la **rue des Quatre-Fils,** que debe su nombre a los cuatro héroes de un romance medieval, *Les Quatre Fils Aymon.* En los Nos. 11-13 de la misma calle, ⑩ los edificios absolutamente modernos del **CARAN,** el centro de investigación informatizado (abierto al público) anexo a ⑪ los **Archives Nationales,** alojados en el impresionante **Palais Rohan-Soubise** del s. XVIII que también alberga el **Musée de l'Histoire de France** y las habitaciones en estilo rococó en las que vivieron el príncipe y la princesa de Soubise. ⑫ Le **Dômarais** (53 rue des Francs-Bourgeois, **FF),** cocina ligera elegante en el inesperado entorno de las salas de exposición de un monte de piedad. ⑬ **Nôtre-Dame-des-Blancs-Manteaux** tiene un magnífico púlpito de madera tallado y taraceado del s. XVIII. ⑭ **La Petite Chaumière** (41 rue des Blancs-Manteaux, **FF),** un restaurante acogedor donde va la gente del barrio. ⑮ El **Cloître des Billettes,** un monasterio medieval. ⑯ El financiero-diplomático Jacques Coeur vivió en el No. **42 rue des Archives.** ⑰ En el **Hôtel Hérouet,** de 1528, ha sobrevivido un torreón medieval (tal vez demasiado bien restaurado). ⑱ Beaumarchais escribió *Las Bodas de Fígaro* en el **Hôtel des Ambassadeurs de Hollande.** ⑲ **Bretonnerie (FF),** una casa del s. XVII convertida en un hotel. ⑳ *(vea 2 en pág. 95).*

R. CHARLOT
R. DE POITOU
R. DE SAINTONGE
R. DU PERCHE
R. VIEILLE-DU-TEMPLE
R. DEBELLEYME
R. DES COUTURES-ST-GERVAIS
JARDIN DE L'HÔTEL SALÉ
R. DU ROI-DORÉ
R. DE THORIGNY
R. STE-ANASTASE
R. DE LA PERLE
R. DE TURENNE
R. DU PARC-ROYAL
R. ELZÉVIR
R. PAYENNE
R. DE SÉVIGNÉ
R. DES FRANCS BOURGEOIS
1
2
3
4
5
6
7
8
9
10
11
12
13
14
15

▲ 93

▼ 110

Musée Picasso

▼ 111

① **La Taverne des Templiers** (106 rue Vieille-du-Temple, **FF**), exageradamente decorada al estilo medieval pero con un trato agradable y cocina de la región de la Charente. ② El **Hôtel de Rohan,** construido para los príncipes-obispos de Estrasburgo por el mismo arquitecto que hizo el Palais Soubise *(vea pág. 93),* con el que comparte un jardín, es famoso por la magnífica escultura de Robert Le Lorrain, *Los caballos del sol,* colocada por encima de las puertas del establo. ③ El **Hôtel Aubert de Fontenay u Hôtel Salé** brinda su inesperado e impresionante interior al **Musée Picasso** (pequeño restaurante). ④ Balzac fue al colegio en la misma calle, en el No. **7 rue de Thorigny.** ⑤ **Musée de la Serrure** (Cerrojos), en el **Hôtel Libéral Bruant,** construido por el arquitecto que diseñó les Invalides *(vea pág. 97).* ⑥ El **Musée Cognacq-Jay,** antes en el boulevard des Capucines, se ha trasladado al **Hôtel Donon:** muebles y pinturas del s. XVIII. ⑦ La **square Georges-Caïn,** con una estatua de bronce del s. XVII, *Flora* de Laurent Magnier, conmemora un conservador del Musée Carnavalet *(vea pág. 111).* El museo celebró el bicentenario de la revolución francesa con la apertura de un anexo destinado a acoger sus colecciones revolucionarias en ⑧ el **Hôtel-Le-Peletier-de-St-Fargeau,** el hogar de una familia aristocrática, uno de cuyos miembros fue asesinado por haber votado a favor de la muerte de Luis XVI. ⑨ El **Centro Cultural Sueco** (exposiciones de arte), en el **Hôtel de Marle,** de finales del s. XVI y durante algún tiempo residencia de la favorita de María-Antonieta y gobernanta de sus hijos, Madame de Polignac. En frente está ⑩ el cuidado jardín del **square Louise-Achille,** el patio del ⑪ **Hôtel de Vigny,** donde aún quedan algunas vigas policromadas del s. XVII y maravillosos frescos del techo representando las estaciones y los cuatro elementos. En la rue de Turenne: ⑫ El **Hôtel du Grand-Veneur u Hôtel d'Ecquevilly,** con una cabeza de jabalí en la fachada que da al jardín y una escalinata preciosa; exposición de utensilios de baño (No. 60); ⑬ la **Fontaine de Joyeuse** (No. 41), un homenaje al río Ourcq del s. XIX; ⑭ en el **No. 54,** una fachada bonita de lo que ahora es una escuela. ⑮ Una obra mayor de Delacroix —una *Deposición* pintada sin más sobre una de las paredes de la capilla— es lo más interesante de **St Denis du St Sacrament,** del s. XIX e inspirada en una basílica romana.

SQ. D'AJACCIO
Varenne
R. DE VARENNE
BD DES INVALIDES
AV. DE TOURVILLE
PL. VAUBAN
AV. DE VILLARS
1
2
3
4
5
6
7
8
9
10

Les Invalides

▲ 81

▶ 98

① A la fachada del **Hôtel des Invalides,** un encargo de Luis XIV a Libéral Bruant para acoger a los veteranos o los soldados heridos, le hace sombra la cúpula dorada de ② la **Eglise du Dôme,** obra de Jules Hardouin-Mansart, que ahora acoge la **tumba de Napoleón** —sus restos se trasladaron desde Santa Elena en 1840. El conjunto de edificios que forman Les Invalides incluye también ③ una segunda iglesia, **St-Louis-des-Invalides,** en cuya parte superior hay numerosas banderas procedentes de las campañas de Napoleón. Un espectáculo de sonido y luz que reproduce el traslado de los restos de Napoleón tiene lugar (entre Semana Santa y octubre) en ④ el **Cour d'Honneur,** un círculo de edificios clasicistas construido alrededor de una estatua ecuestre del Rey Sol, que también alberga ⑤ el **Musée de l'Armée** (Museo militar). Este museo vasto e importante tiene varios anexos: el **Musée des Plans-Reliefs** donde se exponen modelos de ciudades fortificadas de toda Francia, algunos de ellos del s. XVII; el **Musée des Deux Guerres mondiales,** y ⑥ el **Musée de l'Ordre de la Libération** (entrada por el No. 51bis del boulevard de Latour-Maubourg, fuera del plano), dedicado a la élite de los "compañeros" (no necesariamente militares) del general de Gaulle decorados con la medalla que creó en los oscuros días del año 1940. Una bonita vista de la cúpula se tiene desde ⑦ el **Jardin de l'Intendant** situado al lado de la iglesia (fuera del plano) que tiene una estatua de Hardouin-Mansart obra de Ernest Dubois, o desde ⑧ la **place Vauban** cuyas estatuas de los mariscales Galliéni y Fayolle, héroes de la Primera Guerra Mundial, son mucho menos valiosas. Para ver esculturas de primera categoría, cruce ⑨ el **boulevard des Invalides** hacia ⑩ el **Hôtel Biron,** una bonita mansión del s. XVIII en cuyo jardín y en cuyas agradables habitaciones se exponen las obras de Auguste Rodin (la entrada al **Musée Rodin** está en el No. 77 de la rue de Varenne). ⑪ **L'Arpège (FF-FFFF,** 84 rue de Varenne) llevó a cabo una hazaña al seguir al *Archestrate* de Alain Senderens cuando éste se trasladó al barrio de Madeleine *(vea pág. 56-57):* cocina deliciosamente ligera, un menú realmente bien de precio. ⑫ **Varenne (FF,** 44 rue de Bourgogne), un hotel pequeño y encantador que tiene un pequeño patio para desayunar en verano.

▲ 82

▲ 97

Faubourg St-Germain

(1) El **Hôtel Matignon** (57 rue de Varenne), de principios del s. XVIII, es la residencia oficial del primer ministro y tiene el jardín particular más amplio de París. Antes fue el hogar del prelado, diplomático y hombre de estado Talleyrand que durante la segunda restauración de la monarquía llegó a ser, por poco tiempo, también primer ministro —y al que se atribuye la frase: "La guerra es un asunto demasiado serio como para encomendarlo a los militares". (2) En el No. 47 de la misma calle está la **embajada italiana,** situada en el **Hôtel de Boisgelin:** la ampliación del edificio de principios del s. XVIII se debe al Monseñor Boisgelin, el antiguo arzobispo de Aix. (3) Las figuras y relieves de la **Fontaine des Quatre-Saisons** o **Fontaine Bouchardon** (57 rue de Grenelle) muestran a la Ciudad de París flanqueada de dioses fluviales que representan el Sena y el Marne, mientras los cupidos miran cual niños traviesos hacia los campos y recogen el grano siguiendo el paso de las estaciones. Es obra del escultor Edme Bouchardon de los años 30 del s. XVIII, cuando los habitantes del barrio de Faubourg-St-Germain comenzaron a protestar por la constante escasez de agua. Alfred de Musset escribió varias de sus obras llenas de chispa en una casa situada en el patio de (4) el **Hôtel Bouchardon** (No. 59) que poco a poco se está convirtiendo en un museo de arte moderno, el **Musée Dina-Vierny** (la dama en cuestión fue una de las modelos de Aristide Maillol). (5) El **Hôtel de la Vallière** (136 rue du Bac, fuera del plano) perteneció desde 1813 a las Hermanas de la Caridad, la orden fundada por St Vincent de Paul, cuyo convento se encuentra en el mismo *îlot* o bloque de edificios. Se dice que la Virgen María apareció por lo menos cinco veces en esta capilla a una lechera, Catherine Labouré: durante una de estas visiones le enseñó una medallón y le dijo que hagan copias de ella (se vendieron 20 millones de medallones). (6) **La Cigale** (11bis rue Chomel, fuera del plano, **FF),** un buen sitio para saborear la *cuisine bourgeoise* en una atmósfera de *bistrot.* Para disfrutar de un ambiente *chic* presidido (a veces) por una atractiva presentadora de televisión y su esposo *(el chef),* vaya a (7) **La Ferme St-Simon** (6 rue St-Simon, **FF-FFF).**

▲ 84

▲ 99

R. MONTALEMBERT
R. SÉBASTIEN BOTTIN
R. DE GRIBEAUVAL
PL. ST-THOMAS-D'AQUIN
R. ST-THOMAS-D'AQUIN
R. DU PRÉ-AUX-CLERCS
R. DE LUYNES
BD ST-GERMAIN
R. ST-GUILLAUME
R. DE GRENELLE
R. DES SAINTS PÈRES
R. DE LA CHAISE
BD RASPAIL
Sq Chaise Récamier
1
2
3
4
5
6
7
8
11
12
13
16
17

▼ 114

Rue du Bac/Université

▲ 85

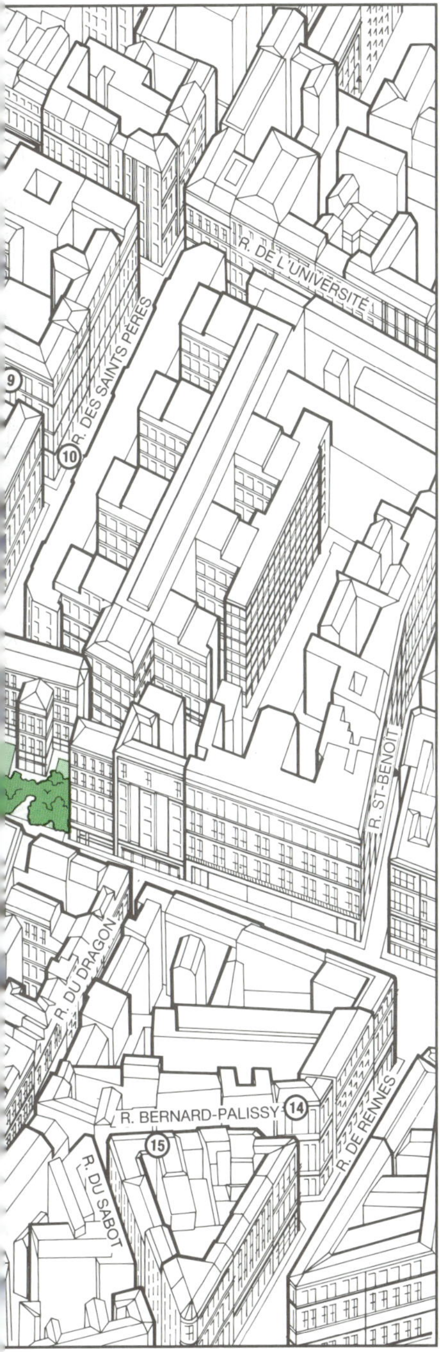

▲ 102

▼ 115

① El letrero que cuelga de la fachada de **La Petite Chaise** (36 rue de Grenelle **FF**), supuestamente el restaurante más antiguo de París, data de 1681. ② Guillaume Apollinaire vivió en **202 boulevard St-Germain**, muriendo ahí, a la temprana edad de 38, en 1918, el año de la publicación de sus *Calligrammes*. No se había recuperado nunca de una herida de guerra pero la causa inmediata de su muerte fue la epidemia de gripe que hubo este año. Los escritores y sus editores se suelen encontrar en dos hoteles renombrados que están, el uno al lado del otro, en la rue Montalembert: ③ el **Montalembert** (No. 3 **FF-FFF**), con treinta habitaciones amplias, y el Pont-Royal (No. 7 **FFF**), el nombre de su restaurante, *Les Antiquaires*, refleja la preponderancia de las tiendas de antigüedades en las calles que conducen al Sena. Pero se trata sobre todo de un centro de la edición de libros: **Editions Gallimard** (en la pequeña rue Sébastien-Bottin) sigue siendo la casa editorial más prestigiosa de Francia, a pesar de las disputas familiares de los últimos años. ⑥ Romain Gary, el diplomático, novelista y marido de Jean Seberg que consiguió por dos veces ganar el Prix Goncourt, el premio de literatura más importante de Francia, (una vez bajo pseudónimo), vivió durante muchos años en la **rue du Bac**, donde se suicidó el 2 de diciembre de 1980. ⑦ **St-Thomas-d'Aquin**, antes llamada St-Dominique y diseñada en los años 80 del s. XVII por el arquitecto clasicista Pierre Bullet en estilo jesuita —planta en forma de una cruz griega— para los Dominicos cuyo monasterio ocupó las calles adyacentes. Los alumnos superdotados de ⑧ la **Ecole nationale d'Administration** o ENA (13 rue de l'Université) se conocen como *énarques*. ⑨ Otra *grande école* de élite, la **Ecole nationale des Ponts et Chaussées.** Su acceso está en el No. 18 de ⑩ la **rue des Saints-Pères** que tiene dos hoteles populares: ⑪ el **Pas-de-Calais** (No. 59 **FF**) y ⑪ el **Saints-Pères** (No. 65 **FF-FFF**), ambos con jardines privados para desayunar durante el verano. ⑬ En frente, en el No. 54, el **Musée-Bibliothèque du Protestantisme français** ofrece impresiones interesantes de la persecución de los protestantes, ejemplo de ello son los púlpitos móviles (fáciles de plegar y de esconder). ⑭ La **rue Bernard-Palissy** conserva la mayoría de sus casas del s. XVII y ⑮ en el No.7 está **Editions de Minuit**, los editores de Samuel Beckett y los exponentes del *nouveau roman*. ⑯ La **Librairie Pierre Petitot** (234 boulevard St-Germain) está especializada en temas militares, ⑰ **Madeleine Gély** (No. 218) vende paraguas desde 1834.

▲ 86

▲ 101

R. DES BEAUX-ARTS
R. BONAPARTE
R. VISCONTI
R. JACQUES-CALLOT
R. ST-BENOÎT
R. JACOB
R. DE FURSTEMBERG
R. CARDINALE
R. DE L'ABBAYE
R. DE L'ÉCHAUDÉ
R. DE BOURBON-LE-CHÂTEAU
R. DE BUCI
R. DE SEINE
PL. ST-GERMAIN-DES-PRÉS
St-Germain-des-Prés
R. GOZLIN
PL. JACQUES-COPEAU
BD ST-GERMAIN
PL. D'ACADIE
Mabillon
R. DU FOUR
R. MABILLON
R. DE MONTFAUCON
1
2
3
4
5
6
7
8
9
10
11
12
13
14
15
16
17

▼ 116

St-Germain-des-Prés

▲ 87

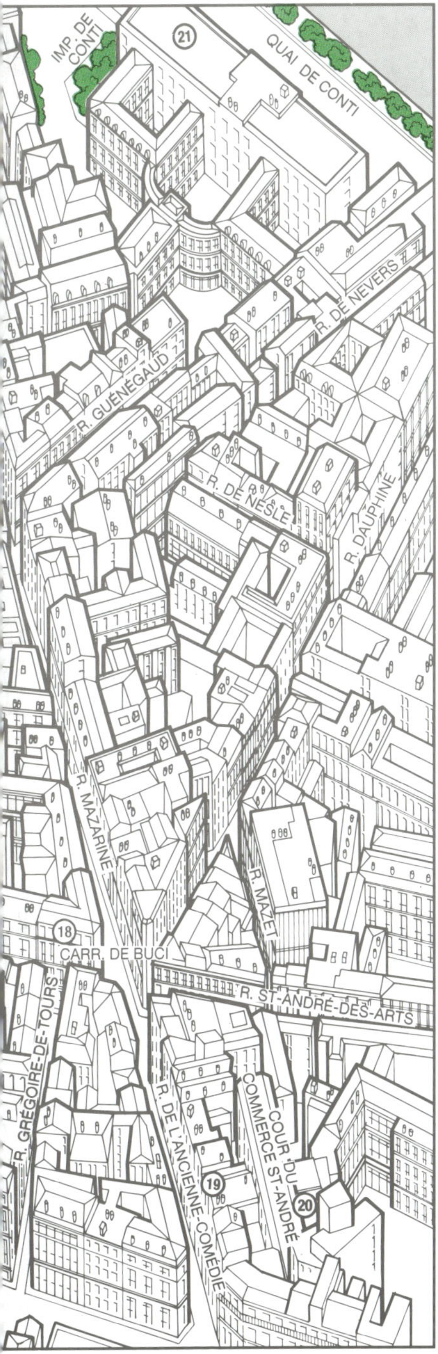

▶ 104

▼ 117

(1) La **iglesia de St-Germain-des-Prés,** mayoritariamente románica, se asienta sobre los cimientos de un monasterio fundado por San Germán, obispo de París, 1558. (2) La **Hommage à Apollinaire** de Picasso es la pieza central de un diminuto jardín adornado con fragmentos arquitectónicos procedentes de la capilla de la Virgen erigida por el cantero mayor de Notre Dame, Pierre de Montereau o Montreuil († 1267). (3) La **boutique de Réunion des Musées Nationaux** donde se venden catálogos y reproducciones de los museos (10 rue de l'Abbaye). (4) La **Place Fürstemberg,** la plaza parisina por ontonomasia, con sus farolas y sus árboles, alberga (5) el **Musée Delacroix** y es el lugar donde vivió, trabajó y murió el pintor (en 1863). (6) **Manuel Canovas** (Nos 5 y 7), telas caras y bonitas. (7) **Librairie Maritime d'Outre-Mer** (17 rue Jacob), librería con sabor náutico internacional. (8) El **Hôtel des Marronniers (FF,** No. 21), con un jardín frondoso y tranquilo, y (9) el **Hôtel d'Angleterre (FFF,** No. 44), con un patio interior, son dos ejemplos de los muchos *hôtels de charme* de St-Germain. (10) **La Villa (FFF,** No. 27) es bastante distinto —pulcro y moderno. (11) En una calle repleta de restaurantes, **Le Petit St-Benoît (F,** 4 rue St-Benoît), famoso por sus *plats du jour,* se remonta hasta el s. XIX. (12) **Aux Deux Magots** (170 boulevard St-Germain), un típico café de St-Germain que atrae a una mezcla de turistas e intelectuales que compran sus libros hasta la medianoche en (13) la vecina **Librairie La Hune.** (14) El **Café Flore** (No. 172, fuera del plano), aún evoca, como el Deux Magots, los espíritus de Sartre y Simone de Beauvoir. (15) **Brasserie Lipp (FFF,** No. 151, fuera del plano), una institución parisina cuyos bajos se reservan (de manera estricta y cortés) a las personas famosas (más fácil es el acceso al piso superior). (16) **La Gaminerie** (No. 137), una *boutique* elegante con una escultura de bronce en la entrada. (17) *Le tout St-Germain* compra sus alimentos en el mercado al aire libre de la **rue de Buci.** (18) **CCA, La Charcuterie alsacienne** (10 rue de Buci), la sucursal parisina de la más famosa mantequería alsaciana, fundada en Mulhouse en 1876. (19) **Café Procope (F-FFF,** 13 rue de l'Ancienne-Comédie), abierto en 1686 como un café y ahora un restaurante *chic* y concurrido, decorado con motivos de la Revolución Francesa. Su puerta trasera conduce a (20) el **cour du Commerce St-André,** un callejón adoquinado donde Marat imprimió su periódico *L'Ami du Peuple* (en el No. 8). (21) El **Hôtel des Monnaies,** la Casa de la Moneda de finales del s. XVIII que alberga un nuevo museo de monedas y medallas (11 quai de Conti).

▲ 88

▲ 103

PL. DU PONT NEUF
QUAI DE L'HORLOGE
R. HENRI ROBERT
PONT NEUF
PL. DAUPHINE
QUAI DES ORFÈVRES
R. DE HARLAY
R. DAUPHINE
QUAI DES GRANDS-AUGUSTINS
R. DU PONT-DE-LODI
QUAI DES ORFÈVRES
R. CHRISTINE
R. DE SAVOIE
R. DES GRANDS-AUGUSTINS
R. SÉGUIER
R. GÎT-LE-CŒUR
R. DE L'HIRONDELLE
R. ST-ANDRÉ-DES-ARTS
PL. ST-MICHE
St-Michel
PL. ST-ANDRÉ-DES-ARTS
R. HAUTEFEUILLE
R. SUGER
R. DE L'ÉPERON
R. DANTON
BD. ST-MICHEL

▼ 118

▲ 89

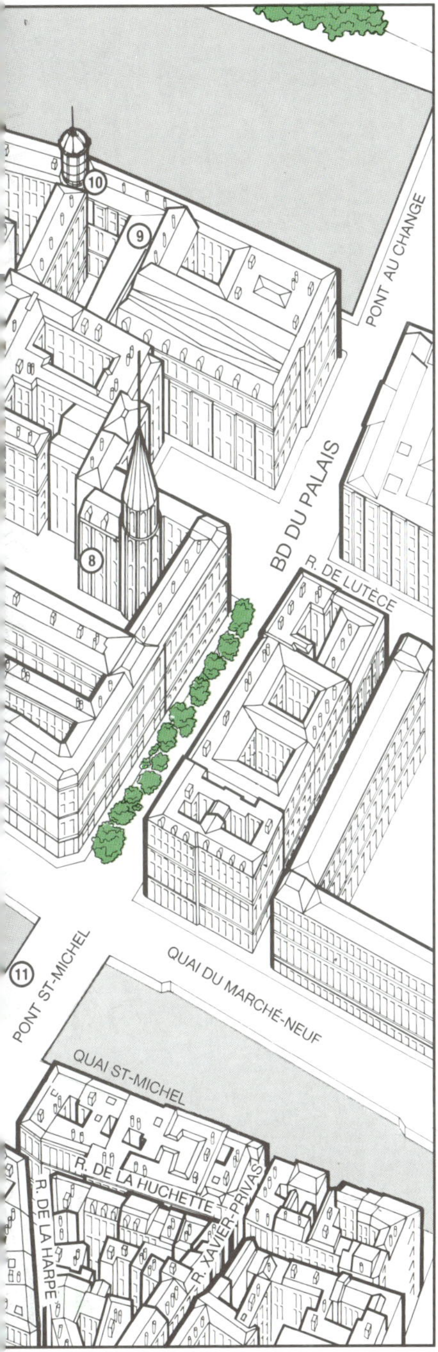

▼ 119

▶ 106

Ile de la Cité/ St-Michel

(1) La **estatua ecuestre de Enrique IV** en la place du Pont-Neuf mira pensativa hacia (2) al **Taverne Henri IV** (No. 13), un sitio con mucho ambiente. (3) La tranquila **place Dauphine,** del s. XVII, debe su nombre al *dauphin* de la época, el infante Luis XIII, y tiene varios locales, (4) **Le Caveau du Palais** (Nos 17-19, **FFF),** una taberna y restaurante frecuentados por abogados, y (5) **Paul** (No. 15, **FF),** muchas veces descrito como el arquetipo de un *bistrot* de París que también tiene una entrada desde (6) el **quai des Orfèvres,** el nombre bajo el que se conoce la *Police judiciaire.* La sede central de este departamento de investigación de la policía se encuentra en este mismo *quai,* dentro del amplio complejo dominado por (7) el **Palais de Justice.** También en este conjunto de edificios, antes el Palacio Real, está (8) la **Sainte Chapelle,** construida en estilo gótico por Pierre de Montereau (también conocido como de Montreuil) para Luis IX con el fin de albergar las reliquias que éste había adquirido del Emperador de Constantinopla. Llévese unos prismáticos para apreciar bien los cientos de escenas bíblicas que figuran en las vidrieras de la Chapelle Haute. A orillas del río, las torres de (9) la **Conciergerie** medieval montan guardia en lo que antes fue una prisión tristemente famosa, de donde su ''huésped'' más conocido, la reina María-Antonieta, salió en carro camino a la guillotina. (10) La torre más antigua es la **Tour Bonbec,** construida alrededor de 1250 y más tarde convertida en cámara de tortura. Al otro lado del (11) **Pont St-Michel,** que, al igual que el Pont Neuf *(vea pág. 89),* antaño estaba edificado con casas, (12) la **place St-Michel,** siempre llena de gente. En su centro, (13) la **Fontaine St-Michel,** un conjunto escultórico decorado con columnas de mármol rosa coronado por un grupo de bronce, ''San Miguel matando al dragón'', un encargo del Barón Haussmann al arquitecto Gabriel Davioud y punto de reunión de la alegre juventud. (14) **Gibert Jeune,** una librería académica que atrae a un público algo distinto, se encuentra al principio del (15) bullicioso **boulevard St-Michel** que tras los incidentes del mayo del 68 ya no tiene adoquines. Racine vivió en el No. 41 de (16) la animada **rue St-André-des-Arts,** ahora el renombrado bistrot **Allard (FFFF).** La amante de Francisco I, la Duquesa d'Etampes, vivió en una mansión suntuosamente amueblada de (18) la **rue Gît-le-Coeur,** frecuentada en los cincuenta por la *Beat Generation* que se solía alojar en (19) el pintoresco **Hôtel du Vieux-Paris (FF).** Picasso pintó su ''Guernica'' en la rue des Grands-Augustins, en frente de (20) la **rue Christine,** donde los monasterios del s. XVI se convirtieron en (21) el elegante y tranquilo hotel **Relais Christine** (No. 3, **FFF**).

▲ 90

PL. DU CHÂTELET
R. ADOLPHE ADAM
R. DE LA TACHERIE
AV. VICTORIA
Hôtel de Vill
PONT AU CHANGE
VOIE GEORGES-POMPIDOU
QUAI DE GESVRES
PONT NOTRE-DAME
SEINE
QUAI DE LA CORSE
PONT D'ARCOLE
PL. LOUIS-LÉPINE
Cité
R. DE LUTÈCE
R. DE LA COLOMBE
R. DES URSINS
R. DE LA CITÉ
R. D'ARCOLE
R. CHANOINESSE
R. DU CLOÎTRE-NOTRE-DAME
R. MASSILLON
PL. DU PARVIS-NOTRE-DAME
1
2
3
5
6
7
8
9
10
11
12
13
14
15

◁ 15

▲ 105

▼ 120

▲ 91

▶ 108

▼ 121

Hôtel de Ville/ Notre Dame

(1) El **Théâtre de la Ville,** uno de los dos amplios teatros del s. XIX situados (2) en la **place du Châtelet,** conoció la voz de su directora, la gran Sarah Bernhardt. Las figuras de la fachada del (3) **Hôtel de Ville** (ayuntamiento) son copias de una obra renacentista que se quemó durante los días de la Comuna. La primera sede municipal, del s. XIV, fue adquirida por (4) el preboste Etienne Marcel, el "preboste de los mercaderes", cuya **estatua ecuestre,** luciendo una espada, mira sobre el río. (5) La historia romántica de Abelardo y Eloisa se desarrolló en la **rue Chanoinesse,** una de las pocas calles estrechas que sobrevivieron la demolición de la Ile de la Cité iniciada por el Barón Haussmann. (6) En el No. 14, **La Lieutenance (FFFF)** un restaurante con precios excesivos que, sin embargo, ofrece la atmósfera de una casa medieval cubierta de hiedra en la que vivieron los canónicos de Notre Dame. (7) **La Colombe** (4 rue de la Colombe, **FF),** con su encanto medieval y sus palomas blancas. (8) La **catedral de Notre-Dame,** en estilo gótico, antes fue solamente una de las muchas iglesias que hubo en la isla. Al convertir (9) la **place du Parvis-Notre Dame** en zona peatonal, los responsables de urbanismo hicieron posible que se pueda admirar tranquilamente los distintos cuerpos de su fachada oeste. La restauración de los tres pórticos, llevada a cabo en el s. XIX por Viollet-le-Duc, se debe en parte a los llamamientos de Victor Hugo e Ingres. (10) La **cripta arqueológica,** un museo "diferente", expone los restos arqueológicos y un sinfín de objetos que se encontraron durante las excavaciones efectuadas en la plaza. (11) **Estatua de bronce de Carlomagno,** hecha para una de las muchas "Exposiciones Universales" del s. XIX, cuyos caballos los conducen los héroes Rolando y Oliver. En este lugar hubo antaño un hospicio del s. VII y cuyo nombre se conserva en (12) el **Hôtel Dieu,** un amplio hospital del s. XIX situado al otro lado de la plaza. En una de las esquinas de (13) la **place Louis-Lépine,** famoso por su mercado de flores (lunes a sábado) y su mercado de pájaros (domingo), queda una curiosidad: una de las pocas **entradas** al metro en estilo *art nouveau* diseñados por Hector Guimard. (15) La **Tour de l'Horloge** situada en la esquina sudeste de la Conciergerie (fuera del plano) lleva el primer reloj público de París, que, con más de 600 años de edad, aún sigue funcionando.

▲ 92

▲ 107

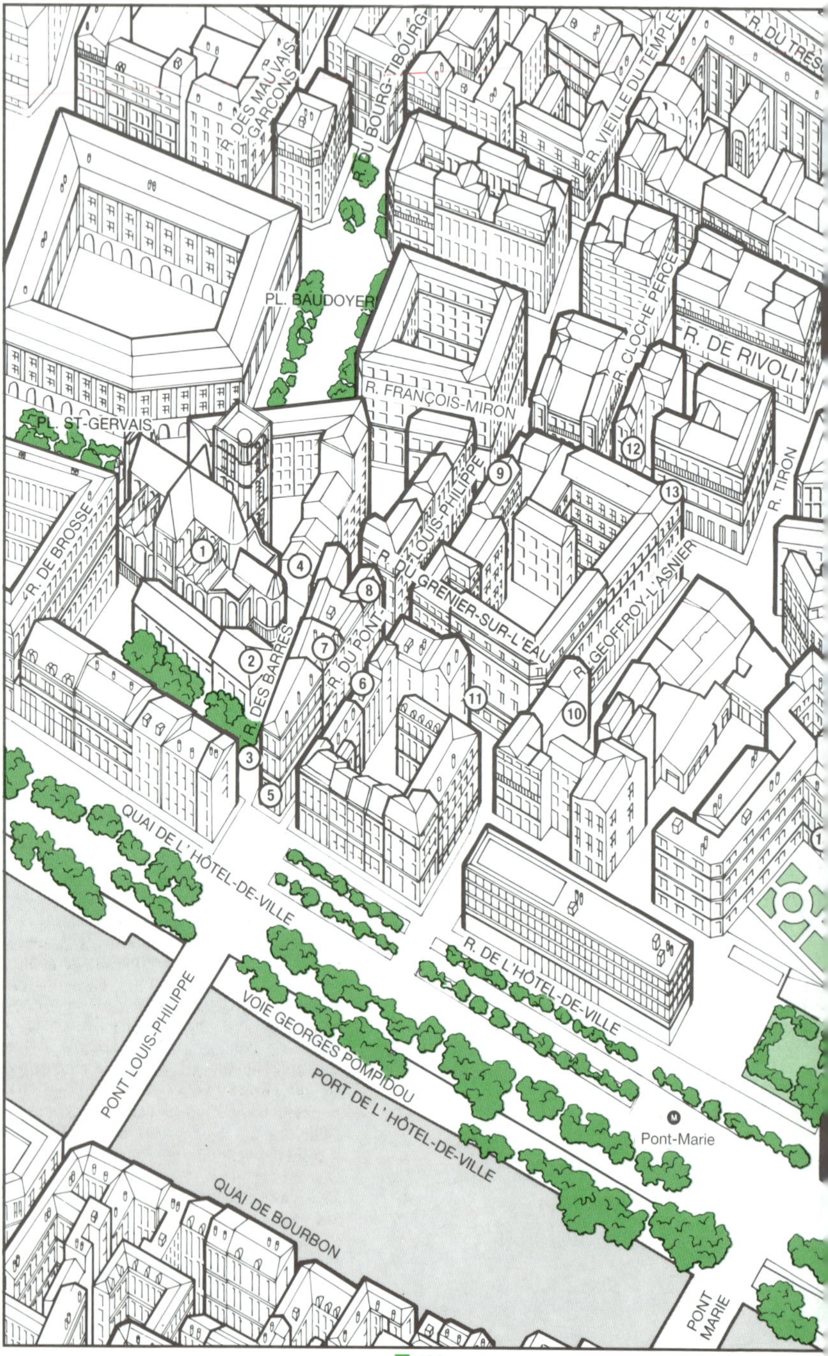

R. DES MAUVAIS GARÇONS
R. DU BOURG-TIBOURG
R. VIEILLE DU TEMPLE
R. DU TRÉS
PL. BAUDOYER
R. CLOCHE PERCE
R. DE RIVOLI
R. FRANÇOIS-MIRON
PL. ST-GERVAIS
R. TIRON
R. DE BROSSE
R. DE LOUIS-PHILIPPE
R. DU GRENIER-SUR-L'EAU
R. GEOFFROY-L'ASNIER
R. DES BARRES
R. DU PONT-
QUAI DE L' HÔTEL-DE-VILLE
R. DE L'HÔTEL-DE-VILLE
PONT LOUIS-PHILIPPE
VOIE GEORGES POMPIDOU
PORT DE L' HÔTEL-DE-VILLE
Pont-Marie
QUAI DE BOURBON
PONT MARIE
1
2
3
4
5
6
7
8
9
10
11
12
13

▼ 122

▲ 93

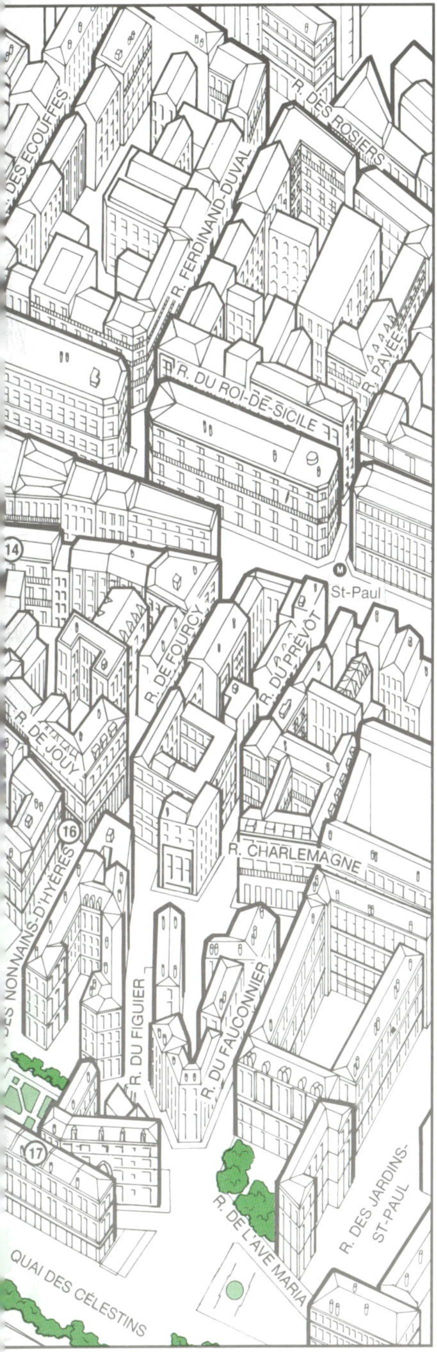

▲ 110

▼ 123

St-Gervais-St-Protais/ la parte sur del Marais

① La fachada clasicista de la **iglesia de St-Gervais-St-Protais** se atribuye a Salomon de Brosse, el arquitecto del palacio de Luxembourg *(vea págs. 117, 127).* Su magnífico órgano, que durante generaciones tocaron François Couperin y su familia, se suele utilizar para conciertos. ② La entrada al antiguo **osario** de la iglesia se puede ver en el No. 15 de ③ la pintoresca **rue des Barres.** En uno de los edificios medievales de esta calle está el Albergue Juvenil más bonito de Francia, ④ el **Accueil des Jeunes en France,** ubicado en el Hôtel Maubuisson (No. 12). ⑤ **Chez Julien** (1 rue du Pont-Louis-Philippe, **FF),** una antigua tahona convertida en restaurante. Otro ejemplo de las transformaciones recientes de muchos de los comercios del Marais se puede ver en ⑥ el **No. 6,** donde una antigua *charcuterie-traiteur* se ha convertido en una *boutique.* También en la rue du Pont-Louis-Philippe está ⑦ **Papier Plus** (No. 9), artículos de escritorio con clase, y ⑧ **Le Grenier sur l'Eau** (No. 14, **FF),** elegante e íntimo, con cocina tradicional. ⑨ **La casa de Marie Touchet** (No. 22bis), con un diminuto patio renacentista, fue adquirida por la hermosa, culta y sorprendentemente discreta amante de Carlos IX, que, sumido en la melancolía, ordenó el Masacre de San Bartolomeo *(vea pág. 89)* y que murió a la temprana edad de 24. ⑩ El **Hôtel Châlons-Luxembourg** (26 rue Geoffroy-l'Asnier) tiene un pórtico magnífico coronado por una gran cabeza de león. ⑪ **El monumento al mártir judío desconocido** tiene una pequeña sala de lectura y expone objetos relacionados con el sufrimiento de la comunidad judía del barrio durante la Segunda Guerra. ⑫ La **rue François-Miron** tiene un par de torcidas casas medievales (Nos 11 y 13) y varias mansiones elegantes. ⑬ La **Maison d'Ourscamp** (Nos 44-6), con un delicado sótano gótico, es la sede de una organización que lucha por conservar los edificios históricos de París (venta de libros y planos). ⑭ El **Hôtel de Beauvais** (No. 68), construido para la dama de honor y confidente de Ana de Austria, Catherine Bellier, que se ganó su gratitud (y generosidad) al demostrar, sin dejar lugar a dudas, que el joven Luis XIV no seguía el ejemplo de la frecuente impotencia de su padre. ⑮ El **Hôtel d'Aumont** (7 rue de Jouy), una vasta mansión del s. XVII decorada por Simon Vouet y Charles Le Brun y con una fachada de François Mansart. En la esquina de la rue de Jouy con la rue de Fourcy ⑯ una **escultura de un afilador,** que antes estuvo en la rue des Nonnains-d'Hyères que conduce al ⑰ **Hôtel de Sens,** que con sus torreones es una mezcla de arquitectura del fin de la Edad Media y del Renacimiento (entrada por 1 rue de Figuier) y que ahora es la sede de una biblioteca de arte.

▲ 94

▲ 109

R. PAVÉE
R. DES FRANCS-BOURGEOIS
R. DES ROSIERS
R. MALHER
R. DE SÉVIGNÉ
R. DU ROI-DE-SICILE
R. D'ORMESSON
PL. DU MARCHÉ-STE-CATHERINE
R. NECKER
R. DE TURENNE
R. CARON
R. CHARLEMAGNE
R. ST-ANTOINE
R. DE L'HÔTEL ST PAUL
R. NEUVE-ST-PIERRE
R. BEAUTREILLIS
R. CHARLES-V
R. DU PETIT-MUSC
1
2
3
4
5
6
7
15
18
19
20
21
22

▼ 124

Place des Vosges

▲ 95

▲ 112

▼ 125

① Una buena parte de las **murallas medievales de la ciudad**, construidas por Felipe Augusto (fuera del plano) han sobrevivido como patio donde juegan los alumnos del ② **Lycée Charlemagne**, donde estudió un tiempo Balzac. ③ Los patios entrelazados que forman el **Village Saint-Paul** están llenos de tiendas de antigüedades y de artesanía. En la rue Charles-V, ④ **L'Excuse** (No. 14, **FF**), un restaurante discreto, y ⑤ el **Hôtel d'Aubray** (No. 12), el hogar de la maestra de los envenenadores de sangre fría, la Marquesa de Brinvilliers. ⑥ El elegante **Hôtel de Sully**, construido por Jean Androuet du Cerceau, ahora alberga la Caisse nationale des Monuments historiques (Comisíon nacional de edificios históricos, buena librería). ⑦ **St-Paul-St-Louis**, construida para los Jesuitas a principios del s. XVII, tiene uno de los raros cuadros religiosos de Delacroix, *Cristo en el huerto de los olivos*. Madame de Sévigné solía rezar aquí, pero enterrada está en ⑧ **Ste-Marie-de-la-Visitation**, un temprano ejemplo de la obra de François Mansart, claramente influido por el barroco italiano. ⑨ El **Hôtel de Mayenne**, de nuevo de Du Cerceau, construido en ladrillo y piedra y con tejados muy inclinados, al igual que las 39 casas uniformes que forman ⑩ la encantadora **place des Vosges**. En sus orígenes fue la place Royale, construida por Enrique IV y durante más de un siglo el indiscutible centro de un barrio elegante. Ningún monarca vivió nunca en ⑪ el **Pavillon de la Reine**, pero Madame de Sévigné nació en el No. 1bis y Richelieu fue propietario del No. 21. En el No. 6 ⑫ está **la casa de Victor Hugo**, un museo dedicado a este gran hombre, que vivió ahí durante 16 años a partir de 1832, el año en el que escribió *Le Roi s'amuse*, obra en la que se basa el libreto de *Rigoletto*. En la parte norte y sur de la plaza hay hoteles agradables, ⑬ el elegante **Pavillon de la Reine (FFF)** y ⑭ el **place des Vosges** (12 rue de Birague, **FF**), y a su alrededor hay muchos restaurantes: ⑮ **L'Ambroisie** (No. 9, **FFFF**), un ''templo de la gastronomía'', ⑯ **Coconnas** (No. 2bis, **FF-FFF**) y ⑰ **La Guirlande de Julie** (No. 25, **FF-FFF**), ambos con terrazas acogedoras; y ⑱ **Ma Bourgogne** (No. 19, **FF**), *saucisson de Beaujolais, tripes y foie gras*. También llena de restaurantes está ⑲ la diminuta **place du Marché-Ste-Catherine**. ⑳ **Pitchi Poï (F)**, un sitio para probar *carpe à la juive* y otras especialidades judías, es una de los más agradables. ㉑ El **Musée Carnavalet**, con una fachada renacentista de Pierre Lescot decorada con esculturas de Jean Goujon. ㉒ El **Hôtel Lamoignon**, a cuyos salones literarios solían acudir Racine y Boileau, alberga una biblioteca. ㉓, ㉔, ㉕ *(vea 1, 2, y 3 de pág. 131)*. ㉖ *(vea 5 de pág. 131)*.

R. DU PASTEUR WAGNER
R. SEDAINE
R. AMELOT
BD RICHARD-LENOIR
IMP. JEAN-BEAUSIRE
BD BEAUMARCHAIS
R. JEAN-BEAUSIRE
R. DAVAL
R. DE LA ROQUETTE
R. DE LA BASTILLE
COUR DU CANTAL
PASS. DU CHEVAL-BLANC
PL. DE LA BASTILLE
Bastille
R. DU FAUBOURG-ST-ANTOINE
R. DE CHARENTON
BD. BOURDON
BD DE LA BASTILLE
R. DE LYON
PARIS ARSENAL
1
2
3
4
5
6
7
8
9
10
11
12
13
14
16

▲ 111

Bastille

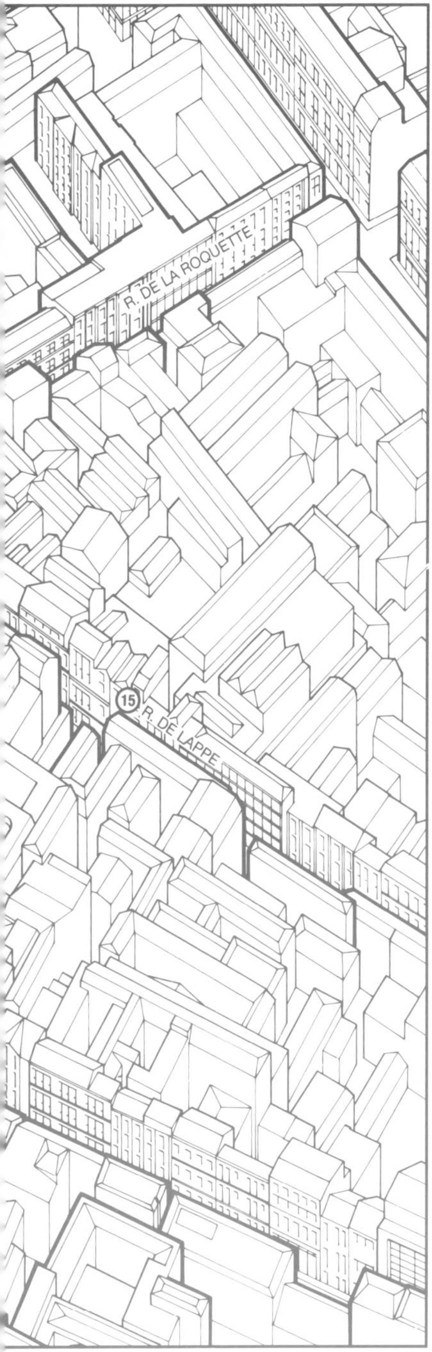

① La **rue des Tournelles** *(vea pág. 111)* pasaba antes al lado del real Palais des Tournelles, demolido por Catherine de Médicis tras la muerte en accidente de Enrique IV en un torneo del año 1559. ② En el No. 38, **L'Oulette (FF)**, un pequeño *bistrot* especializado en sabrosos platos del sudoeste *(vea pág. 111)*. ③ Ninon de Lenclos, la *femme de lettres* (y amante de muchos hombres importantes) del s. XVII legó a Voltaire 2000 libras para compras libros, vivió en el **No. 36** *(vea pág. 111)*. ④ El **Hôtel de Mansart Saganne,** detrás del No. 28 (las mejores vistas desde el No. 23 del boulevard Beaumarchais), construido para su propio uso por Jules Hardouin-Mansart, el arquitecto de la place Vendôme y de la place des Victoires, de la cúpula de Les Invalides y del Grand Trianon de Versailles. ⑤ **Estatua de Beaumarchais,** bastón bajo el brazo; vivió cerca de ahí en una gran mansión y concretamente en los Nos 2-20 del boulevard del mismo nombre *(vea pág. 111)*. ⑥ **Bofinger** (5 rue de la Bastille, **FFF),** una *brasserie* de moda en estilo *art nouveau*. En la misma calle, ⑦ **Le Coin du Caviar** (No. 2, **FF-FFF),** lujosos tentempies o comidas completas. ⑧ Cuando su familia abandonó París, Balzac vivió en un ático de **9 rue de Lesdiguières** *(vea pág. 125)*, descrito en *La Peau de Chagrin*. En el pavimento de ⑨ la **place de La Bastille** se han marcado los contornos de la famosa fortaleza cuyo asalto el 4 de julio de 1789 señaló el comienzo de la Revolución Francesa. El diseño osado de ⑩ la **Opéra de la Bastille,** inaugurada durante el bicentenario de estas fechas conmemorables, es de Carlos Ott, el arquitecto uruguayo que vive en Canadá. ⑪ Pero la altiva **Colonne de Juillet** (Columnas de Julio), coronada por un dorado "Genio de la Libertad" balanceándose sobre un pie, rinde homenaje a las víctimas de una revuelta posterior, la Revolución de Julio de 1830, que subió al trono a Luis-Felipe. ⑫ El **Bassin de l'Arsenal,** una marina elegante de la cual salen barcos por el canal de Saint-Martin hacia el Parc de la Villette *(vea págs. 28-9)*. ⑬ La bulliciosa **rue de la Roquette,** interesante por sus casas antiguas y pintorescas, sus arcadas cubiertas y sus bares cada vez más de moda, uno de los cuales ⑭ **L'Ecluse Bastille,** está en el No. 13. ⑮ Las *boutiques* y galerías de arte se multiplicaron cuando a la zona llegaron los *ylitterati* y ahora conviven con los bares plebeyos de la **rue de Lappe** donde sigue abierto el famoso salón de baile de principios de siglo, Balajo, (No. 9). ⑯ Desde hace siglos, la **rue du Faubourg-St-Antoine** está llena de ebanisterías.

▲ 100
11
10
9
8
7
12
2
R. DE SÈVRES
1
4
13
14
SQ. BOUCICAUT
5
Sèvres-Babylone
3
6
18
R. DU CHERCHE-MIDI
PL. ALPHONSE-DEVILLE
BD RASPAIL
R. COËTLOGON
R. DE RENNES
R. D'ASSAS
17
Rennes

Sèvres-Babylone

▲ 101

▲ 116

① La **rue de Sèvres** es conocida por sus *boutiques* como Tiffany's (No. 12) y por sus comercios *chic* como ② **Marie-Martine** (No. 8). ③ *Chic* es también la nota que caracteriza al **Hôtel Lutétitia-Concorde (FFF,** *brasserie* de buena relación calidad-precio) sobre todo desde que ha sido remodelado, en un extravagante estilo *art decó,* por la *couturière Sonia Rykiel,* cuya boutique *prêt-à-porter* está en ④ los Nos **4-8 rue de Grenelle.** ⑤ El **square Boucicaut** (parque para niños) conmemora el filántropo Aristide Boucicaut, que fundó el primer gran almacén de la ciudad, ⑥ **Les Magasins du Bon Marché** (fuera del plano) y que lo regentó junto con su mujer Marguerite. ⑦ Madame Récamier no celebró su famoso salón en ⑧ la **rue Récamier,** a cuyo extremo se encuentra ⑨ el **Théâtre Récamier,** antes hogar de la mítica compañía Renaud-Barrault, sino en una de los alas de la antigua abadía de ⑩ la **rue de la Chaise.** A partir de los 42 vivió en este sitio durante 30 años, recibiendo cada tarde, a las 3 en punto, las visitas de su admirador platónico Chateaubriand, seguido de todos los valores literarios de la época. ⑪ Durante algún tiempo, el **No. 7** de esta calla antigua, una mansión de 1763, fue propiedad de la hermana mayor de Napoleón, Elisa, Princesa Bacchiochi, que lo vendió al emperador en 1807. ⑫ **Au Sauvignon** (80 rue des Saints-Pères), una taberna de moda (y cara). ⑬ El **carrefour de la Croix-Rouge** antes blandió un gran crucifijo rojo (de ahí su nombre). Su adorno principal es ahora ⑭ una **estatua de un centauro,** obra de César, el *enfant terrible* de la escultura moderna, y que es su homenaje a otro *enfant terrible,* Picasso. ⑮ En las producciones de Jacques Copeau en el **Théâtre du Vieux-Colombier** (No. 21 de la calle del mismo nombre) trabajaron actores de la talla de Louis Jouvet y Charles Dullin. ⑯ Algunas habitaciones del encantador **Hôtel Abbaye St-Germain** (10 rue Cassette, **FFF)** tienen sus propios balcones. ⑰ Los extranjeros de buena familia que aprenden francés en el **Institut Catholique** prefieren llamarlo el "Catho". ⑱ La **rue du Cherche-Midi** es un coto de caza de *gourmets,* con varios restaurantes reconocidos: **Joséphine** (No. 117, **FFF),** frecuentado por la gente de los medios de comunicación; **Le Gourmet gourmand** (No. 72, **FF-FFF):** y **La Marlotte** (No. 55, **FFF),** el sitio de los editores, un sitio recomendable donde también van las escritores.

▲ 102

▲ 115

R. DES CANETTES
R. PRINCESSE
R. MABILLON
R. TOUSTAIN
R. FÉLIBIEN
R. DE SEINE
R. GRÉGOIRE
R. GUISARDE
R. LOBINEAU
R. ST-SULPICE
R. PALATINE
PL. ST-SULPICE
R. HENRY-DE-JOUVENEL
R. DU CANIVET
R. SERVANDONI
R. GARANCIÈRE
R. DE TOURNON
R. FÉROU
R. DE VAUGIRARD

▼ 126

Saint-Sulpice

▲ 103

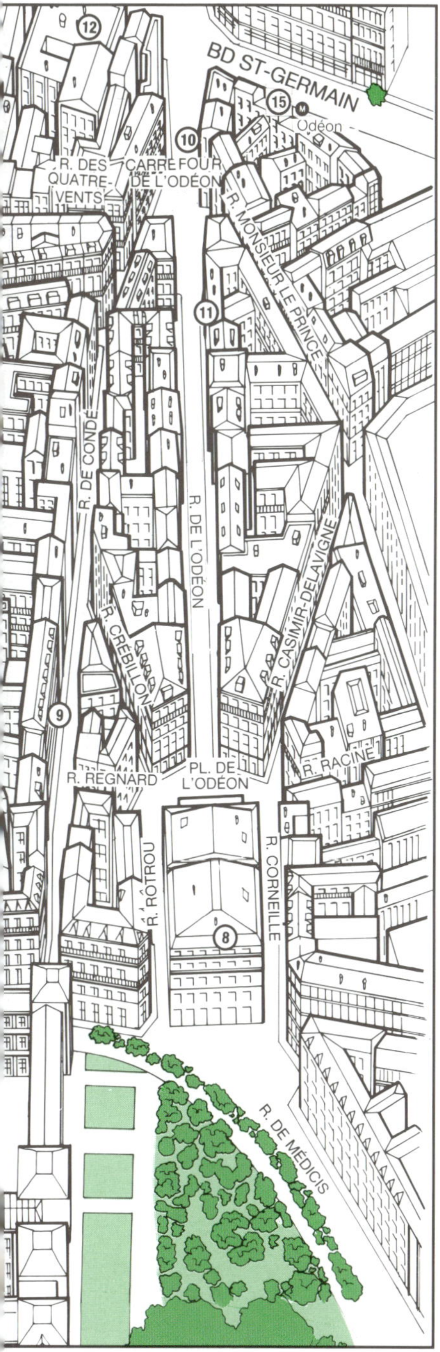

▼ 127

▶ 118

① A finales de junio y durante dos o tres días, la amplia **place St-Sulpice** acoge un animado mercado de poesía. Los editores de lírica exponen su mercancía en puestos colocados alrededor de ② la **Fontaine des Quatre Evêques** (Fuente de Cuatro Obispos), una estructura imponente adornada con leones y estatuas de los grandes obispos-oradores de Francia: Bossuet, Fénélon, Fléchier y Massillon. ③ La **iglesia de Saint-Sulpice,** en sus orígenes una iglesia parroquial adscrita a la abadía de St-Germain-des-Prés *(vea pág. 103),* fue reconstruida y ampliada varias veces a lo largo de su historia y ahora es principalmente neoclásica, con una fachada oeste de columnas impresionantes y coronada de dos torres de alturas distintas. ④ **Saint-Laurent Rive Gauche,** una de las muchas *boutiques* prêt-à-porter que los diseñadores poseen en esta zona. ⑤ **Castel** (15 rue Princesse), un *night-club* privado famoso por lo difícil que resulta entrar. ⑥ El **Palais du Luxembourg** (entrada 15 rue de Vaugirard), construido por Salomon de Brosse para la viuda de Enrique IV, María de Médicis, e inspirado en el Palazzo Pitti de su Florencia natal: la biblioteca, decorada por Delacroix, normalmente se puede visitar los domingos. ⑦ En el **Petit Luxembourg** a veces hay exposiciones temporales. ⑧ El **Théâtre National de l'Odéon,** construido en 1782 para los actores de la Comédie française, suele poner representaciones de compañías extranjeras de visita en Francia. Uno de los estrenos históricos de este teatro fue el de *Las Bodas de Fígaro* de Beaumarchais, que vivió muy cerca, en ⑨ el **26 de rue de Condé,** ahora bastión de editores. ⑩ El **Relais St-Germain** (**FFF,** 9 carrefour de l'Odéon) y ⑪ el **Odéon (FF-FFF,** 3 rue de l'Odéon) son dos de los pequeños *hôtels de charme* cercanos a los jardines de Luxembourg. ⑫ Los zapatos clásicos de siempre de **Flash** (115 boulevard St-Germain) son tan cómodos que la tienda tiene fieles clientes por toda Francia. ⑬ El **Marché St-Germain,** un mercado cubierto combinado con una piscina y otras instalaciones. ⑭ La **Librairie des Femmes** (74 rue de Seine), una librería feminista animada y con estilo. ⑮ Una **estatua de Danton** está en el carrefour de l'Odéon, lugar donde vivió. ⑯ **La Petite Cour (FF-FFF,** 8 rue Mabillon) tiene un pequeño patio fresco y tranquilo para cenas veraniegas, mientras que en el No. 10, ⑰ **Aux Charpentiers (FF)** es famoso por ser una antigua casa gremial de los carpinteros.

▲ 104

▲ 117

R. DE L'ÉPERON
R. DANTON
R. SERPENTE
R. HAUTEFEUILLE
R. MIGNON
BD ST-MICHEL
R. DE LA HARPE
Cluny-la-Sorbonne
BD ST-GERMAIN
R. DE L'ÉCOLE-DE-MÉDECINE
R. HAUTEFEUILLE
R. PIERRE-SARRAZIN
PL. PAUL PAINLEVÉ
R. RACINE
R. MONSIEUR-LE-PRINCE
BD ST-MICHEL
R. CHAMPOLLION
R. DE LA SORBONNE
R. DE VAUGIRARD
PL. DE LA SORBONNE
R. VICTOR COUSIN
1
2
3
4
5
6
8
9
10
11
12
13
17

▼ 128

▲ 105

▲ 120

▼ 129

Odéon/Sorbonne

① La estrecha **rue Hautefeuille,** una de las más antiguas de la orilla izquierda, alberga ② una pintoresca casa con torreón, el **Hôtel des Abbés de Fécamp** (No. 5), y ③ **La Lozère** (No. 4, **F),** un restaurante pequeño especializado en platos rústicos de la región del mismo nombre, situada en el Massif Central. Al otro lado de ④ el **boulevard St-Germain,** talado a través del barrio durante la drástica remodelación del Barón Haussmann, *(vea pág. 37),* ⑤ la **rue de l'Ecole-de-Médecine** fue escenario, en 1793, del asesinato de Marat cometido por Charlotte Corday. ⑥ **Polidor** (41 rue Monsieur-le-Prince, **F),** famoso por sus precios bajos, su inalterado repertorio de platos caseros y su pasado literario. ⑦ El **Musée de Cluny,** dedicado a arte, arquitectura y escultura medievales, se encuentra en uno de los pocos edificios domésticos de principios de la edad media que quedan en París; dentro y fuera del museo hay restos de termas romanas que hubo en este lugar. Frente a la entrada al museo, en el square Paul-Painlevé, están ⑧ una copia en bronce de la **estatua de Montaigne** de Paul Landowski (1875-1961), en sustitución del original en mármol, y ⑨ un **monumento a Pierre Puvis de Chavannes** (1828-98), cuyos murales, al igual que algunos monumentos de Landowski, adornan el Panthéon *(vea pág. 129).* También pintó el mural en la gran sala de lecturas de ⑩ la **Sorbonne,** reconstruida en el s. XIX pero fundada ya a mediados del s. XIII por el confesor de Luis IX, Robert de Sorbon. Cuatro siglo más tarde, el Cardenal Richelieu costeó la ampliación de lo que se convirtió en la Universidad de París. Su tumba, obra del pintor real Charles Le Brun, está en ⑪ la **Eglise de la Sorbonne.** El extremo que da al río del ⑫ **boulevard St-Michel,** con sus cafés siempre repletos de estudiantes, es un laberinto de estrechas calles medievales, incluyendo ⑬ la **rue de la Harpe,** que es parte de la calzada romana que iba desde Lutetia hacia el este, y la rue St-Séverin, que conduce a ⑭ la **iglesia de St-Séverin,** famosa por su fachada oeste ricamente decorada y su doble girola construida alrededor de una columna magnífica. ⑮ El **Hôtel Collège de France** (7 rue Thénard, **FF),** con algunas habitaciones con vigas antiguas y vistas de Notre Dame, debe su nombre a ⑯ uno de los centros de enseñanza más importantes del Barrio Latino, el **Collège de France,** fundado por Francisco I tres siglos más tarde que la Sorbona. ⑰ **Le Balzar** (49 rue des Ecoles, **FF),** una *brasserie* con solera.

▲ 106

▲ 119

8
7
R. ST-JULIEN-LE-PAUVRE
2
9
1
3
R. GALANDE
6
4
10
R. DU FOUARRE
R. DANTE
5
PONT AU DOUBLE
PORT DE MONTEBELLO
SQ. JEA
R. DE LA BÛCHERIE
COLBERT
R. DE L'HÔTEL
R. DES GRANDS-DEGRÉS
R. DES TROIS-PORTES
R. FRÉDÉRIC-SAUTON
15
R. MAÎTRE-ALBERT
R. DES ANGLAIS
R. LAGRANGE
11
13
R. DE BIÈVRE
14
R. DES BERNADINS
BD ST-GERMAIN
Maubert Mutualité
12
PL. MAUBERT
R. DU SOMMERARD
R. JEAN-DE-BEAUVAIS
R. DES CARMES
16
R. MONTAGNE-STE-GENEVIÈVE
R. BASSE-DES-CARMES
17
R. DES ECOLES
R. MONGE
R. ST-VICTOR

▼ 130

Maubert

▲ 107

▲ 122

▼ 131

(1) El árbol más antiguo de París, una robinia de más de 300 años, es el orgullo del encantador **square René-Viviani,** también famoso por su vistas de Notre Dame. Lo domina (2) el **Hôtel Esméralda** (4 rue St-Julien-le-Pauvre, **FF),** pequeño y popular con clientes del mundo del espectáculo. (3) El telón de fondo de la plaza es la **iglesia románica de St-Julien-le-Pauvre,** que en sus orígenes, en el s. VI, fue una capilla consagrada a uno o varios San Julianes (los especialistas no se ponen de acuerdo) y adscrita a un hospicio de peregrinos del Camino de Santiago; desde los años 80 del s. XIX la iglesia sigue el rito católico de los melquitas (de la Iglesia Ortodoxa griega). La leyenda de San Julián, el patrón de la iglesia, se puede apreciar en una escultura muy primitiva situada por encima de sus pórtico que da a (4) el **No. 42 rue Galande:** en una escultura se puede ver cómo el santo y su mujer ayudan a Jesús a pasar el río disfrazado de leproso encapuchado. (5) La casa del **No. 31 de la rue Galande** conserva aún su sabor medieval. (6) **Le Caveau des Oubliettes** (11 rue Galande), un cabaret animado especializado en canciones francesas antiguas. (7) **Shakespeare & Co,** una famosa librería y sitio de encuentro de literatos que vende libros en inglés, tanto nuevos como de segunda mano. (8) **La Bûcherie** (41 rue de la Bûcherie, **FF-FFFF):** chimenea abierta en invierno, terraza en verano, cocina nueva deliciosa y vistas de Notre Dame durante todo el año. (9) **Les Colonies** (10 rue Saint-Julien-le-Pauvre, **FF-FFF),** un restaurante elegante y agradable justamente al lado de la iglesia. (10) La rue du Fouarre debe su nombre a los fardos de paja sobre los que descansaron los estudiantes medievales durante las clases al aire libre impartidas por profesores tan internacionales como Alberto Magno, cuyo nombre francés aparece en (11) la **rue Maitre-Albert,** una de las pintorescas calles antiguas que hay entre el Sena y (12) la **place Maubert.** Su nombre probablemente también proviene de una contracción de "Maître Albert". (13) El **Hôtel Notre Dame** (19 rue Maître-Albert, **FF)** está bien situado para explorar el Barrio Latino y la Ile de la Cité y además está rodeado de restaurantes encantadores, como también lo es (14) el **Dodin-Bouffant** (25 rue de Frédéric-Sauton, **FF)** o (15) **L'Atelier du Maître-Albert** (1 rue Maître-Albert, **FF:** solo tardes) o (16) **Diapason** (30 rue des Bernardins, **FF-FFFF)** que está elegantemente decorado y ofrece una mezcla de cocina *nouvelle* y clásica. (17) **St-Nicolas-du-Chardonnet,** un reducto de la misa tradicional en latín, contiene la tumba del pintor real Charles Le Brun; varias de sus pinturas adornan la iglesia.

108
121
R. BOUTAREL
R. LE REGRATTIER
R. BUDÉ
R. DES DEUX-PONTS
R. ST-LOUIS-EN-L'ILE
R. POULLETIER
QUAI D'ORLÉANS
QUAI DE BÉTHUNE
PONT DE LA TOURNELLE
QUAI DE LA TOURNELLE
PORT DE LA TOURNELLE
BD ST-GERMAIN
R. DES CHANTIERS
R. DU CARDINAL-LEMOINE
R. DES FOSSÉS-ST-BERNARD
1
2
3
4
5
6
7
8
9
10
11
12
13
14
15
17
18
19
20
21

▲ 109

Île St-Louis/ Tournelles

▲ 124

Los hoteles muy solicitados de la Île St-Louis están todos en (1) la **rue St-Louis-en-Île** que se parece a una calle de una ciudad pequeña, llena de tiendas de alimentación, restaurantes, librerías y diminutas galerías de arte: (2) **Deux-Iles** (No. 59, **FFF**); (3) **Lutéce** (No. 65, **FFF**); (4) **Jeu de Paume** (No. 54, **FFF**), ubicado en una antigua cancha de tenis cubierta del s. XVII (de ahí el nombre), y (5) **St-Louis** (No. 75, **FF**). (6) **Wally Le Saharien** (16/18 rue Le Regrattier, **FFF**), un reconocido restaurante del norte de Africa. (7) El **Hôtel de Chenizot**, con su alargado balcón sostenido por animales mágicos, fue el hogar de Thérésa Cabarrus, que se hizo famosa como "Nuestra Señora del Termidor" al casarse con el dirigente de la Revolución Tallien. Los amantes de los helados acuden desde todos los lados a (8) **Berthillon** (35 rue St-Louis-en-Île). (9) **Au Gourmet de l'Île** (No. 42, **FF**), *cuisine bourgeoise* a precios razonables y un ambiente animado. (10) El poeta y novelista del s. XVIII, Restif de la Bretonne, cuyos paseos por el París nocturno se reflejan en muchos de sus más de 250 libros, vivió en la **rue des Deux-Ponts**, que conduce al (11) **Pont Marie**, que a su vez debe su nombre al emprendedor ingeniero que urbanizó la isla. (12) El **Pont de la Tournelle**, adornado con (13) una **estatua de Ste Geneviève**, patrona de París. (14) El **Musée Adam Mickiewicz**, dedicado al poeta y patriota polaco que también fue director de la Biblioteca Polaca que estuvo allí desde 1838. (15) **Saint-Louis-en-Île**, comenzada por Louis Le Vau, el arquitecto de las Tullerías, partes del Louvre y de Versailles (él mismo vivió en la isla); fíjese en su campanario. Entre sus muchas mansiones preciosas está (16) el **Hôtel de Lauzun** (abierto al público), donde Gautier y Baudelaire, que vivieron allí durante algún tiempo, acudieron a los encuentros del club de los amigos del hachís. (17) El **Tour d'Argent** (15-17 quai de la Tournelle, **FFFF**) sigue siendo uno de los mejores restaurantes del mundo (especialidad: pato prensado). A pocos pasos (18) **La Timonerie** (No. 35, **FF-FFF**) sirve comida mediterránea. (19) El **Institut du Monde Arabe** (en un edificio de los ochenta y con un salón de té/restaurante en la planta 9) y (20) los interiores y muchos más corrientes **edificios de la Facultad de Ciencias** (pequeño museo de mineralogía en Tour 25) han reemplazado a la Halle aux Vins, construida por Napoleón para descongestionar el mercado central (vea pág. 77). (21) **Moissonnier** (28 rue des Fossés-St-Bernard, **FFF**), de siempre famoso por su cocina de Lyon.

▲ 110
R. DES LIONS-SAINT-PAUL
R. DU PETIT-MUSC
R. DE JULES COUSIN
QUAI DES CÉLESTINS
VOIE GEORGES-POMPIDOU
SQ. H. GALLI
Sully Morland
BD HENRI-IV
PONT DE SULLY
▲ 123
R. AGRIPPA-D'AUBIGNÉ
BD MORLAND
QUAI HENRI-IV
R. DE SCHOMBERG
SEINE

▲ 111

Arsenal

① La **rue des Lions-St-Paul** debe su nombre a la casa de fieras real establecida por Carlos V y Carlos VI y ② el **quai des Célestins** a un gran monasterio de la orden de los Celestinos que antes ocupaba la mayor parte de este distrito de la orilla derecha. ③El **Hôtel Fieubet,** del s. XVI, cuyo interior fue diseñado alrededor de 1670 por Jules Hardouin-Mansart para Gaspard de Fieubet, canciller de la esposa de Luis XIV, la infanta María Teresa de España. Dos siglos más tarde fue embellecido (o estropeado, según los gustos) con una profusión de motivos que abarcan desde el Renacimiento hasta el Barroco. ④ **Le Temps des Cerises** (31 rue de la Cerisaie, **F**), uno de los pocos *bistrots* auténticos que quedan en París. ⑤ El **Hôtel des Célestins (FF),** pequeño y tranquilo. ⑥ Desde 1984 una peculiar escultura, **homenaje al poeta Arthur Rimbaud** y obra de Ipousteguy, está adornando la plaza en frente de ⑦ la **Bibliothèque de l'Arsenal,** una biblioteca especializada en temas de teatro y alojada en el único edificio que queda del complejo del arsenal real; la biblioteca data de mediados del s. XVIII (bonita sala de música). ⑧ El **Pavillon de l'Arsenal,** un amplio almacén con tejado de cristal convertido en 1989 en un centro de exposiciones dedicado al desarrollo urbanístico de París a través de los siglos: una excelente introducción a la historia y la topografía de la ciudad. ⑨ Algunos restos de la Bastille *(vea págs. 112-13)* se pueden apreciar en el **square Henri-Galli,** un sitio apacible debajo del cual el ruidoso tráfico pasa por ⑩ la **voie Georges-Pompidou,** una vía rápida muy criticada que transcurre al lado del Sena. Afortunadamente no siguieron adelante los planes de instalar una ruta parecida en la orilla izquierda. ⑪ La **Pont de Sully,** denominada según el ministro de Luis XIV que vivió en el Arsenal, conduce a la parte más oriental de la Ile St-Louis *(vea pág. 122)* y a otra plaza tranquila que tiene ⑫ un **monumento al escultor Antoine Barye,** que creó el león de la Columna de Julio *(vea págs. 112-13).* ⑬ El **Hôtel Lambert,** la mansión más preciosa y grande de la isla, diseñada para financieros ricos en 1640 por Le Vau y decorada por Le Sueur y Le Brun. Aquí Voltaire encontró refugio en la casa de su "amiga íntima", la bonita e inteligente Marquise du Châtelet-Lomont, que tradujo los *Principia* de Newton. ⑭ Los jardines debajo del quai St-Bernard se han convertido en el **Musée de la Sculpture en plein air** (fuera del plano) que expone obras de escultores del s. XX. ⑮ La **menagerie** (casa de fieras) del Jardin des Plantes (fuera del plano, *vea mapa índice, pág. 11)* abasteció a los hambrientos parisinos durante el asedio de París (1870-71).

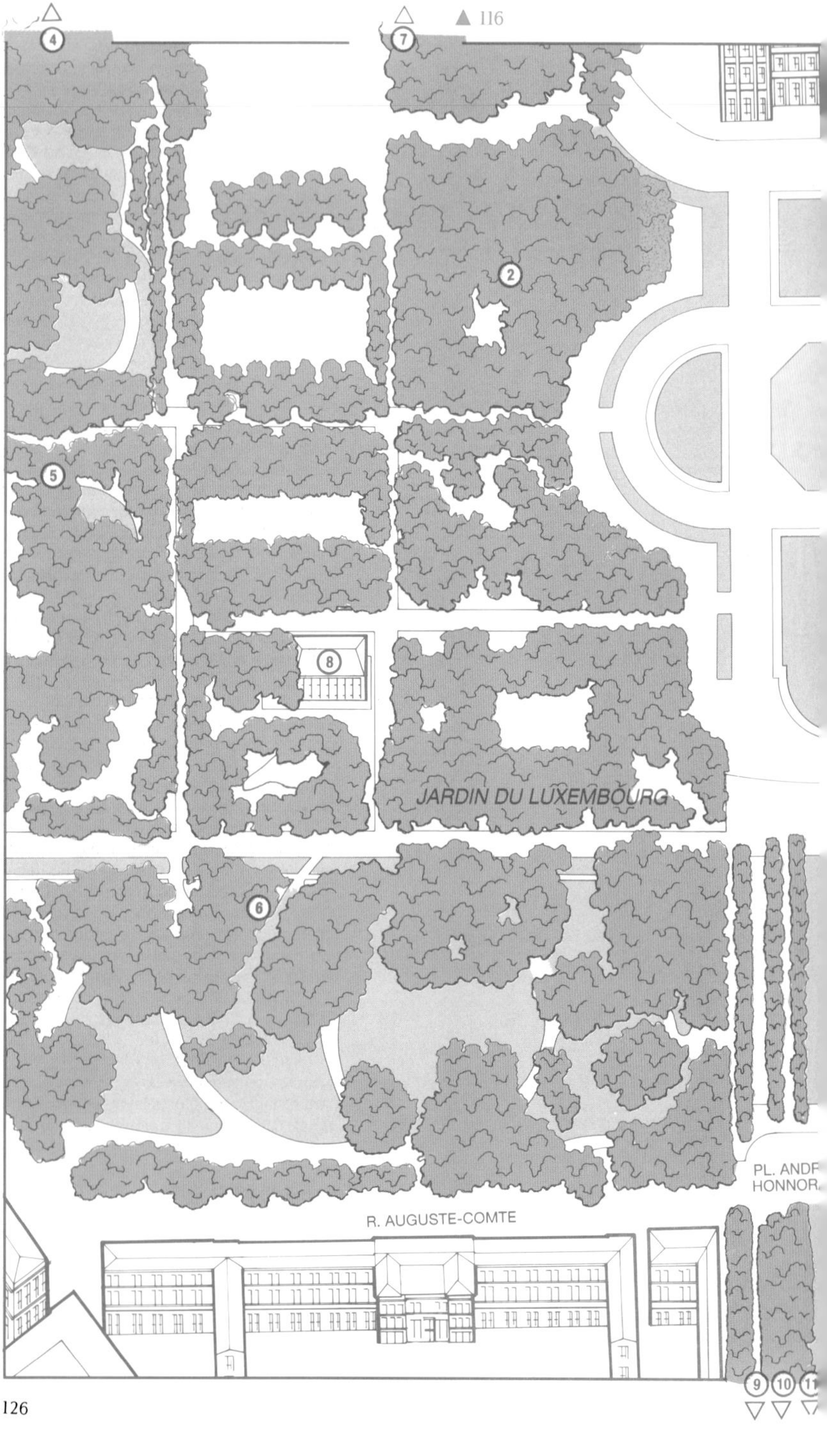
▲ 116
JARDIN DU LUXEMBOURG
PL. ANDR
HONNOR
R. AUGUSTE-COMTE

Luxembourg

① La fachada sur del **Palais du Luxembourg** hace de telón de fondo elegante para ② el **Jardin du Luxembourg,** lleno de estatuas. Un paseo romántico por este frondoso jardín debe de incluir ③ la **Fontaine de Médicis,** una alegre avenida de agua que conduce a las figuras de mármol de la ninfa Galatea y su joven pastor-amante Acis, felizmente entregados a su amor e ignorantes de la amenaza que representa la ira del Ciclope Polifemo. Entre la proliferación de estatuas y monumentos, los artistas predominan en el lado oeste del jardín: ④ un **busto de Beethoven** por Antoine Bourdelle; ⑤ un peculiar **monumento a Paul Verlaine** por Rodo de Niederhausen; ⑥ el **monumento a Antoine Watteau** de Henri Gauquié, mucho más impresionante; y ⑦ un **monumento a Eugène Delacroix** por Jules Dalou en el que una serie de figuras alegóricas rinden homenaje al busto del pintor; él mismo tiene un aspecto bastante reservado, casi arrogante. ⑧ El **Théâtre des Marionnettes** lleva ya mucho tiempo atrayendo muchedumbres de niños maravillados (cada miércoles por la tarde cuando no hay escuela y fines de semana). En el extremo más alejado del jardín, en ⑨ la **allée de l'Observatoire,** se encuentra una fuente preciosa, la **Fontaine de l'Observatoire** (fuera del plano), que fue objeto de muchas críticas en los tiempos que siguieron a su inauguración. También conocida como ⑩ **Fontaine des Quatre Parties du monde**- (Cuatro partes del mundo), fue la última obra de Jean-Baptiste Carpeaux. Su intención fue la de jugar con la presencia, allá en el extremo de la avenida, de ⑪ el famoso **observatorio** de París (fuera del plano, visitas guiadas el primer sábado del mes, hay que hacer solicitudes por escrito), ideando una fuente que representa simbólicamente al planeta Tierra. La elegante solución de Carpeaux consistió en crear la sensación del movimiento giratorio de la tierra mediante la representación de cuatro mujeres jóvenes, Africa, América, Asia y Europa, haciendo rotar, por encima de sus cabezas, un globo, mientras que debajo de las mujeres cuatro caballitos de mar, creados por el sobrino de François Rude, Emmanuel Frémiet, hacen cabriolas dentro de la espuma que sale de los chorros de la fuente.

▲ 118

R. CUJAS
R. TOULLIER
R. ST-JACQUES
PL. EDMOND-ROSTAND
5
4 R. SOUFFLOT
6
9
R. LE GOFF
R. MALÉBRANCHE
R. PAILLET
Luxembourg (R.E.R.)
7
8
R. DES FOSSÉS-ST-JACQUES
BD. ST MICHEL
R. ROYER-COLLARD
IMP. ROYER-COLLARD
R. GAY-LUSSAC
R. PIERRE-ET-MARIE-CURIE
10
11
13

◁ 7
◁ 8
▲ 127
▽

El Panthéon

▲ 119

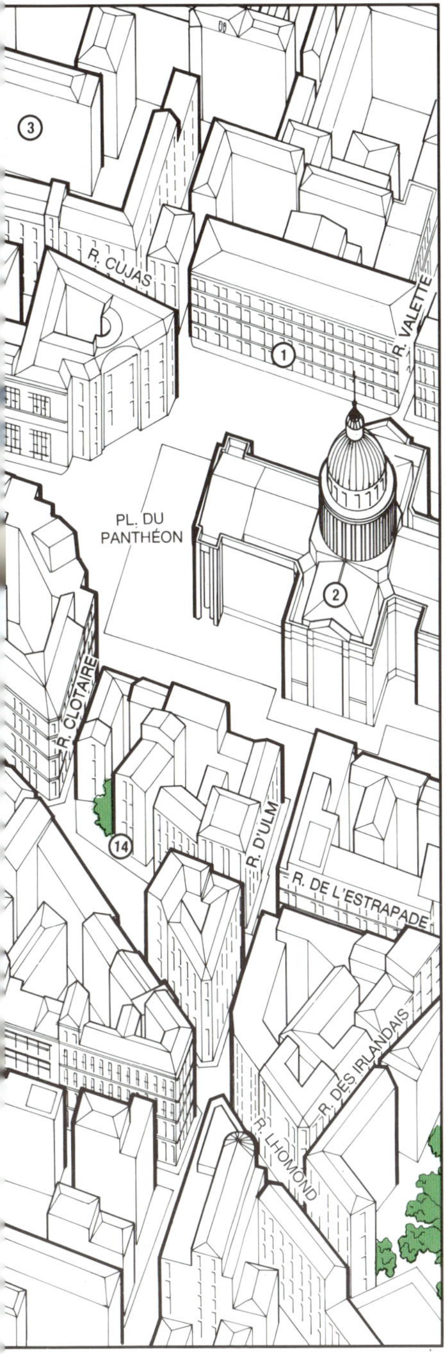

▲ 130

① La biblioteca de la abadía de Santa Genoveva *(vea pág. 131)* forma el núcleo de las colecciones de la **Bibliothèque Ste-Geneviève** (biblioteca de la universidad), una estructura del s. XIX con un tejado de cristal encajado en un marco de hierro, ubicado sobre el lugar de una famosa fundación medieval, el Collège Montaigu. ② El imponente edificio del Panthéon tiene una historia compleja: vio la luz por un voto de Luis XV, que dijo que si recobrara la salud iba a mandar construir una nueva iglesia para acoger la tumba de Santa Genoveva. Pero su función se modificó varias veces, hasta que se convirtió en un mausoleo nacional en honor a figuras tan ilustres como Victor Hugo o Emile Zola. ③ Hugo fue, al igual que Molière, alumno del prestigiso **Lycée Louis-le-Grand,** situado a tan solo unos pocos pasos del lugar de su último descanso. ④ La **rue Soufflot** conmemora el arquitecto del Panthéon Jean-Germain Soufflot, que murió en 1780, antes de que éste se completara. En la parte oeste de ⑤ la **place Edmond-Rostand** está una de las entradas al ⑥ atractivo **Jardin du Luxembourg,** los terrenos que antes rodearon el palacio construido para la viuda de Enrique IV, María de Médicis. Entre las muchas estatuas del jardín destaca ⑦ una **escultura en mármol de George Sand** (Sicard, 1904) sujetando un fajo de hojas manuscritas y mirando de manera algo melancólica. Cerca, ⑧ un **monumento a Stendhal** con un medallón, obra de David d'Angers. Durante el período escolar, el jardín está lleno de estudiantes de los muchos centros de enseñanza superior que hay en y cerca de ⑨ la **rue St-Jacques,** cuyo nombre se debe a que fue el punto de partida de los peregrinos que se encaminaron a Santiago de Compostela (St-Jacques de Compostelle en francés). Entre estas instituciones se encuentran ⑩ el **Institut Océanographique,** cuyo *"Centre de la Mer et des Eaux"* está abierto al público, y ⑪ la **Ecole nationale supérieure de Chimie** (Química) en ⑫ la **rue Pierre-et-Marie-Curie,** conmemorando los Premios Nobel de Física del año 1903. ⑬ La **iglesia de St-Jacques-du-Haut-Pas** del s. XVII (fuera del plano), con su portal adornado con columnas dóricas, antes estaba rodeado de un cementario cuyos inquilinos fueron traslados a las catacumbas en el s. XIX. ⑭ El **Bistro de la Nouvelle Mairie** (19 rue des Fossés-St-Jacques), una taberna animada.

▲ 120

▲ 129

R. DE L'ÉCOLE POLYTECHNIQUE
R. MONTAGNE
R. VALETTE
R. LAPLACE
R. ST-ÉTIENNE-DU-MONT
R. CLOVIS
R. DESCARTES
R. CLOTILDE
R. DU CARDINAL-LEMOINE
R. THOUIN
R. DE L'ESTRAPADE
R. BLAINVILLE
R. LAROMIGUIÈRE
R. TOURNEFORT
R. MOUFFETARD
R. ST-MÉDARD
1
2
3
4
5
6
7
8
9
10
13
14

▲ 121

La Montagne Sainte-Geneviève

① Un relicario muy venerado que contiene fragmentos de la tumba de Santa Genoveva, la patrona de París, es el punto culminante del interior, en estilo gótico tardío, de **St-Etienne-du-Mont**, situado en la cima de la colina que lleva el nombre de la santa. ② **Le Vieux Paris (FF)**, un restaurante ambientado con vigas antiguas, ubicado en la cima de la colina de Santa Genoveva. ③ Parte de las murallas medievales construidas por Felipe Augusto se puede ver en el **No. 3 de la rue Clovis.** ④ La **rue Clovis** cruza el lugar de la Abbaye Ste-Geneviève que sustituyó a la basílica de principios del s. VI construida por el rey merovingio Clovis como lugar para su último descanso y el de su esposa Clotilda, así como el del santo; la mayoría de las tumbas se destruyeron durante la Revolución Francesa. ⑤ La **Tour de Clovis** lleva un nombre equivocado: con su base románica y su parte superior gótica, originariamente fue el campanario de la iglesia de la abadía y construida muchos años antes de la muerte de Clovis, ocurrida en 511. Ahora se encuentra dentro del recinto sacrosanto del ⑥ **Lycée Henri-IV**, una de las mejores escuelas de enseñanza secundaria del país, que tuvo a Jean-Paul Sartre entre su profesorado. ⑦ La rue des Irlandais alberga el **Collège des Irlandais** (fuera del plano), un seminario irlandés alojado en un edificio del s. XVIII que acoge a futuros sacerdotes de Polonia —Karol Wojtyla estudió allí durante bastante tiempo antes de llegar a ser —tras 450 años— el primer papa no italiano. ⑧ El **Jardin de lǽcole Polytechnique** se ha quedado con el nombre de la más célebre de las *grandes écoles*, aunque la escuela misma se haya trasladado a los barrios periféricos tras los "acontecimientos" del mayo del 68. ⑨ La **rue du Cardinal-Lemoine** ha visto pasar un gran número de personajes famosos: Pascal murió en la casa de su hermana, que estuvo en el No. 67 en 1622; James Joyce escribió parte de su *Ulysses* en el No. 71; Ernest Hemingway vivió, casi en la miseria, en el tercer piso del No. 74; y el naturalista Buffon vivió en ⑩ el bonito **Hôtel Le Brun,** construido en honor al pintor real de Luis XIV, Charles Le Brun. Durante casi medio siglo, Buffon fue conservador del ⑪ **Jardin des Plantes** (fuera del plano), los jardines botánicos que también albergan un gran museo de historia natural y un pequeño pabellón de zoología. ⑫ Las **Arènes de Lutèce** (anfiteatro), un superviviente de los días de la Lutetia romana. ⑬ Ya Rabelais alabó la **place de la Contrescarpe,** una plaza diminuta descrita de manera inolvidable por Hemingway en *Las nieves del Kilimanjaro.* ⑭ Desde esta plaza baja la **rue Mouffetard,** antes calzada romana que conducía a Roma (vía Lyon), tiene uno de los más antiguos y mejores mercados de París.

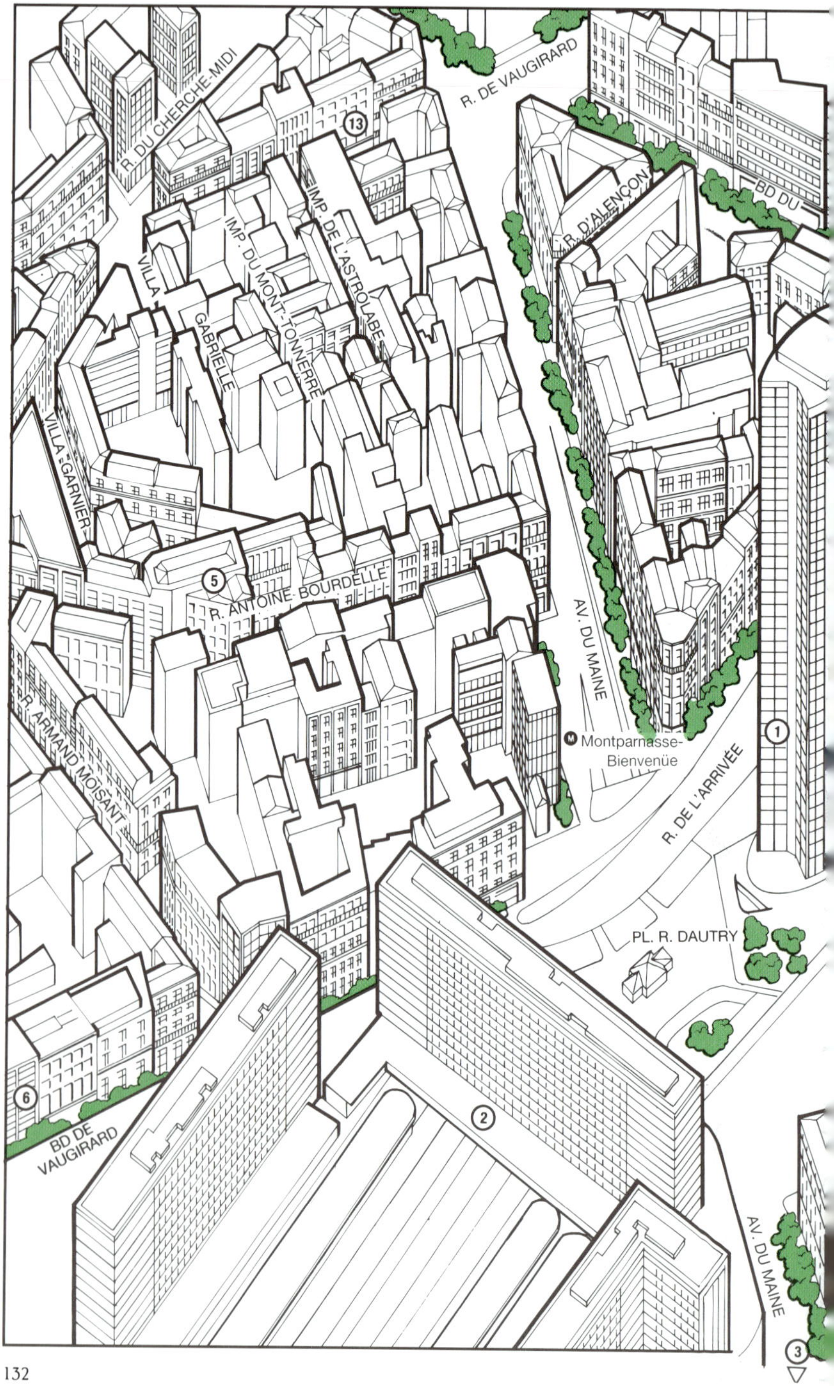
R. DU CHERCHE-MIDI
R. DE VAUGIRARD
BD DU
R. D'ALENÇON
IMP. DE L'ASTROLABE
IMP. DU MONT-TONNERRE
VILLA GABRIELLE
VILLA GARNIER
R. ANTOINE-BOURDELLE
AV. DU MAINE
R. ARMAND MOISANT
Montparnasse-Bienvenüe
R. DE L'ARRIVÉE
PL. R. DAUTRY
BD DE VAUGIRARD
AV. DU MAINE
13
5
1
2
6
3

Montparnasse

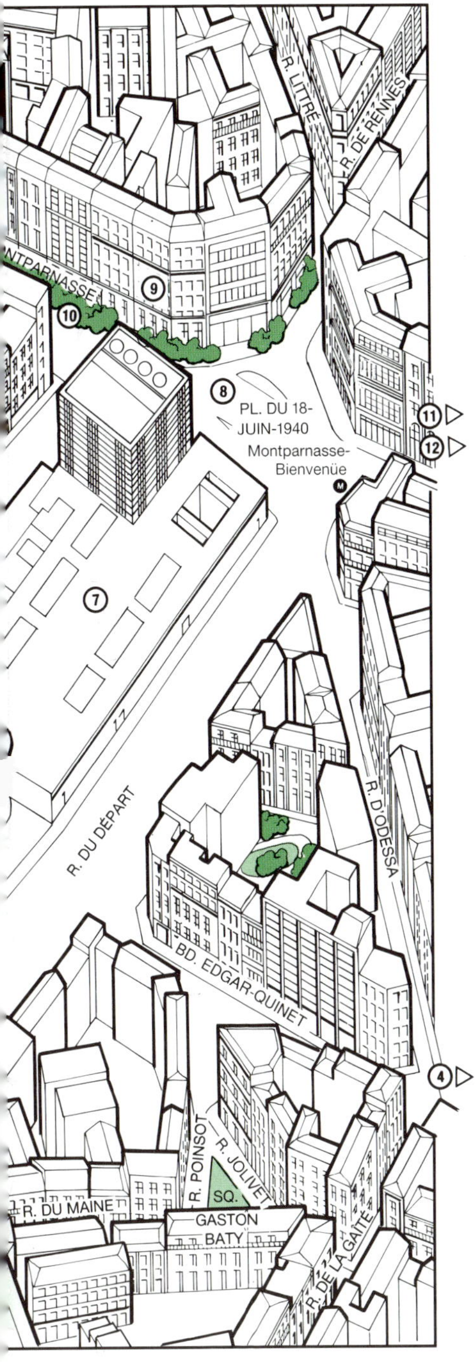

① Desde 1973, la **Tour Montparnasse** (59 plantas, vistas panorámicas desde arriba, cafetería, restaurante) está dominando una zona que antes fue bohemia y llena de poetas y pintores —de ahí el nombre de "monte parnaso". ② Cerca de la torre, la **Gare Montparnasse** ha sido reconstruida para recibir los trenes de alta velocidad que desde 1990 conectan París con la costa atlántica. ③ Cerca de la estación, en la **place de Catalogne** (fuera del plano), tiene la ocasión de ver los trabajos del arquitecto español Ricardo Bofill: dos bloques de seis plantas llamados "L'Amphithéâtre" y "Les Colonnes". ④ El **Cimetière du Montparnasse** (también fuera del plano) alberga las tumbas de muchos artistas y escritores, incluyendo a Jean-Paul Sartre y Simone de Beauvoir, y la del escultor ruso Ossip Zadkine, cuya casa y estudio se pueden visitar, cerca de allí, en el No. 100bis de la rue d'Assas. ⑤ El **Musée Bourdelle** expone la obra de otro escultor, Antoine Bourdelle (1860-1929), cuya obra incluye el monumento romántico al poeta polaco Adam Mickiewicz ubicado al lado del Sena, en el cours Albert 1er. (No. 16 de la calle de su nombre). ⑥ El **Musée de la Poste et de la Philatélie** (34 boulevard de Vaugirard) es un paraíso para los coleccionistas de sellos y para cualquiera que se interese por la historia de correos en Francia. ⑦ El **edificio Maine-Montparnasse,** situado al pie de la torre, comprende una sucursal de los elegantes grandes almacenes Galeries Lafayette *(vea pág. 47).* ⑧ La concurrida **place du 18 juin 1940** debe su nombre a la famosa llamada a la resistencia que tras la caída de Francia emitió este día la BBC de Londres y que fue pronunciada por un oficial desconocido llamado Charles de Gaulle. ⑨ El **Bistro de la Gare (F,** 59 boulevard du Montparnasse), un amplio y bullicioso restaurante de una cadena que sirve buena comida a precios razonables, que además ofrece una decoración en estilo art nouveau. ⑩ Al este de la torre, el **boulevard du Montparnasse** es conocido por sus *brasseries* con solera, antes guarida de escritores y artistas locales y especialmente de los escritores americanos recalados en París. ⑪ **La Coupole (FF,** No. 102, fuera del plano) y ⑫ **Le Dôme,** ahora especializado en pescados **(FFFF,** No. 108, también fuera del plano), son los más famosos supervivientes de esta época ya pasada. ⑬ La **rue de Vaugirard,** con la fama de ser la calle más larga de la ciudad, se extiende hacia el suroeste llegando a los "boulevards des Maréchaux", el apodo que los parisinos han dado al anillo de bulevares que circundan la ciudad, ya que todos ellos llevan los nombres de militares que llevaron el título de Mariscal de Francia.

PUNTOS DE INTERES DESCRITOS EN EL TEXTO

A

B

C

D

E

F

G

H

I

L

M

N

O

P

S

T

V

PERSONAJES DE INTERES DESCRITOS EN EL TEXTO

A

B

C

CH

D

E

F

G

H

N

O

P

R

S

T

U

V

W

Z

CALLEJERO

A

B

C

CH

D

E

F

G

H

I

J

K

L

M

N

O

P

Q

R

S

T

U

V

W

X

Y

TITULOS PUBLICADOS EN ESTA COLECCION

PARIS • LONDRES • MANHATTAN

PROXIMA APARICION

MUNICH • AMSTERDAM • ROMA • SAN FRANCISCO

TURSEN, S. A.
HERMANN BLUME EDICIONES
Mazarredo, 4, 5.º B
Tel.: (91) 266 71 48
Fax: 265 31 48
28005 MADRID